UNA MUJER UNGIDA

(Una humanidad bajo el Poder del Espíritu Santo)

GRISEL PITRE

© 5.22. 2019 Derecho de autor, Grisel Jorge Pitre
Todos los derechos son reservados.
Está prohibida la reproducción total o parcial de este libro, así como la transmisión electrónica y manual del mismo, sin el permiso del escritor.

Publicado por Grisel J. Pitre
Impreso en los Estados Unidos
Impreso 5/22/2019
Segunda corrección, Agosto 14, 2019
Grisel371@live.com
www.GriselJPitre.com

ISBN: 978-0-9979827-9-4

Prólogo

Este libro surge en un momento íntimo en mi habitación, cuando dispuse mis sentidos para que el Rey de Gloria entrara en ellos. En esa conexión con el Espíritu Santo, me embaracé de la unción de escribir, dando vida a muchos libros, incluido este, mi más reciente creación. Tenía la tarea de preparar una conferencia titulada "Bajo la unción de Débora". Al principio, creí que solo escribiría el desarrollo de la conferencia, pero de repente, los temas y subtemas comenzaron a fluir como agua, hasta que llegué a la conclusión. No podía creer que en tan poco tiempo había creado un libro de casi 80 páginas.

Mi esperanza es que el lector encuentre en estas páginas algunas de las respuestas que ha estado buscando y que pueda descubrir el propósito de la unción de Dios en su vida. Este libro ha sido una fuente inagotable para mí; hay información que, aunque ya conocía, ahora comprendo con mayor claridad. Así como he sido edificada a través de este proceso, espero que el lector también lo sea, iluminando su mente con la luz de la sabiduría y transformando toda su vida.

A lo largo de la elaboración de este libro, he recibido respuestas a mis propias preguntas sobre la verdadera unción. He llegado a entender que la unción es algo más profundo de lo que había escuchado durante años. Además, comprendo que, para recibir la vida del Espíritu Santo, debemos pasar por un proceso similar al embarazo o al cultivo de un árbol. Una vez que recibimos la unción de vida, es esencial mantenerla viva y renovarla cada día, ya que, al igual que nuestros primeros padres, podemos descuidarla y tener que buscarla nuevamente con lágrimas.

Espero que también tú encuentres respuestas en este libro.

Bendiciones.
Grisel J. Pitre

ÍNDICE

	Introducción	Pág. 1
I.	Un modelo de la unción	pág. 3
II.	La unción es para los que la arrebatan	Pág. 13
III.	La Unción no tiene límites	Pág. 21
IV.	La unción te levanta	Pág. 27
V.	¿A quién Débora representa?	Pág. 31
VI.	La unción hace la diferencia	Pág. 47
VII.	La unción de la iglesia de Cristo	Pág. 59
VIII.	La unción es para todos	Pág. 67
IX.	Una Mujer Ungida	Pág. 79
	Conclusión	Pág. 87
	Créditos	Pág. 89
	Referencia	Pág. 91

Introducción

En este libro encontramos un modelo de victoria que nos permite preparar tanto nuestra guerra como nuestra victoria. También nos presenta a una mujer valiente, un ejemplo para desarrollar mejor nuestro campo de batalla.

Vemos a esta mujer frente a un pueblo oprimido durante veinte años, anhelando un cambio y el favor de Dios. Al hablar de una mujer ungida, nos referimos a una humanidad llena del poder de vida que Jesús vino a ofrecer con su muerte en la cruz.

La unción de Débora nos enseña que, cuando hay un llamado, nada ni nadie puede impedirlo. Débora simboliza la iglesia de Cristo al profetizar su victoria contra la opresión del enemigo y su triunfo después de la gran tribulación.

La unción hace la diferencia en la vida de un hijo de Dios que ha sido comisionado para una misión. En Dios no hay acepción de personas para recibir la unción; solo hay que estar disponible y desearla con todo el corazón.

Una mujer ungida representa una humanidad virtuosa, que no teme y se lanza a alcanzar sus objetivos a través de la fe en la Palabra de Dios. Cada capítulo de este libro revela el secreto de la unción y cómo podemos apropiarnos de ella.

Aunque parezca difícil pagar el precio para obtenerla, Jesús, en su naturaleza humana, demostró que es posible alcanzarla en nuestro estado humano. Todos aquellos que han recibido la unción de la nueva vida en Cristo nos inspiran a perseguirla cada día con diligencia y reverencia para no descuidarla.

Una
UN MODELO DE LA UNCIÓN
Jueces 4 y 5:7

Débora fue una mujer valiente, trabajadora, buena amiga y justa, que amaba la verdad y luchó contra la injusticia de un gobierno enemigo que oprimía a su pueblo. Su amor por su comunidad la llevó a velar por sus intereses. Residía en el monte de Efraín, entre Rama y Betel, y vivió durante el periodo de los Jueces, entre 1050 y 1000 a.C., siendo la quinta jueza de Israel. Se dice que, bajo su liderazgo, el pueblo disfrutó de paz durante cuarenta años. El nombre Débora, que en hebreo significa "abeja", simboliza su laboriosidad. Al igual que las abejas, que son conocidas por su arduo trabajo y su espíritu de unidad, Débora demostró estas cualidades en su vida y su servicio.

Los talentos y destrezas:

No sabemos cuánto tiempo pasó Débora sentada debajo de la palmera, pero lo que sí es evidente es que, mientras esperaba, invertía su tiempo en algo útil. Como poetisa y profeta, estimulaba y llegaba al corazón de sus oyentes, atrayéndolos hacia el buen juicio y la esperanza de una vida mejor. Su dedicación al servicio la convirtió en una mujer influyente en su pueblo. Ella vivía en la montaña de Efraín, región heredada por uno de los hijos de José, quien recibió parte de la bendición de Jacob, el que luchó con Dios por su bendición.

Débora demostró que se puede invertir el tiempo en algo valioso, sin importar el lugar o que otros te tengan sentada. El don de servicio se manifiesta en cualquier circunstancia. Esta es una de las acciones que Dios busca en sus ungidos: la disposición de dar y servir. No importa si estás en un monte o en una ciudad; donde quiera que te encuentres, comparte con otros lo que Dios te ha dado. Todos tenemos al menos un talento que podemos compartir y que puede darle un sentido a nuestra vida.

No hay excusas para estar inactivos mientras esperamos nuestro turno para ser enviados. La unción nos impulsa a actuar y a nutrirnos del fruto de la vida—la Palabra—para estar listos y fuertes al momento de dar a luz nuestra visión. Sin estar bien preparados y nutridos, no podemos cumplir nuestra misión adecuadamente.

Débora como madre

Aunque Débora estaba casada, parece que no tenía hijos biológicos al proclamarse como Madre de Israel. Sin embargo, poseía un verdadero corazón de madre, porque la primera señal de la unción del Espíritu Santo es el amor (Gálatas 5:22). El amor de una madre es capaz de sacrificarse por su hijo, y de la misma manera, Débora estaba dispuesta a hacerlo por su pueblo, incluso arriesgando su propia vida para defenderlo.

¿Por qué Débora se levantó como madre?

Al parecer, el Espíritu de Dios había embarazado a Débora con una visión de salvación. Mientras esperaba sentada debajo del árbol, vivía su tiempo de gestación. Finalmente, sintió que había llegado el momento de dar a luz y declaró que la fuente se había roto (Jueces 5:7). Débora se proclamó a sí misma como la madre de Israel, lo que significa que aguardaba el momento de manifestar la unción de la nueva vida, dispuesta a levantarse con algo poderoso en sus manos. "Hasta que yo, Débora, me levanté, me levanté como madre en Israel". Suena como si ella dijera ante Dios: "Heme aquí, envíame a mí. Estoy dispuesta y lista para cumplir tu misión, y a defenderla, si es necesario, incluso con mi propia vida".

No se limitó por ser mujer

Ella entendió que con Dios todas las cosas son posibles y no se dejó limitar por su condición de mujer. Se levantó con valentía, dispuesta a dar a luz al salvador. Mientras estuvo sentada debajo de la palmera—la Palabra de Dios—cultivó una relación íntima con el Espíritu de Dios, embarazándose de sus frutos. Esperó pacientemente su tiempo de gestación y, cuando estuvo lista para dar a luz, sintió la seguridad del parto. Débora sintió la misión de dar a luz el fruto del amor, para llevar a cabo la obra de Dios en el lugar donde había sido plantada. Una mujer representa la tierra que Dios vino a restaurar después de que el enemigo la había desolado, como se menciona en Génesis 1:1. Asimismo, Débora simboliza a una humanidad que responde al llamado del Señor, actuando como iglesia, cuya misión es revelar al mundo al Hijo de Dios. Solo el amor de una madre puede llevar a hacer lo que sea por su hijo, así como el amor de Dios se manifiesta a través de la iglesia para la salvación del mundo. Sin este amor, es imposible atender al llamado, ya que el amor de una madre es el único que se compara con el amor de Dios. Es necesario embarazarse del poder de Dios para levantarse con los dolores de parto y dar a luz la visión.

Débora no miró sus limitaciones

El ejemplo de Débora nos enseña que, a pesar de las limitaciones y obstáculos que enfrentó como mujer, nada la hizo sentir inferior para cumplir su misión. Ella demostró ser positiva y valiente al enfrentarse a una sociedad cerrada al orden eclesiástico y litúrgico de su época. Débora no tenía una oficina de trabajo, pero eso no le impidió realizar su función; desde debajo de una palmera, dio lo mejor de sí, de corazón. No hay excusa para no atender el llamado.

Débora y la palmera

La palma es un árbol fuerte y resistente que supera cualquier tormenta o viento huracanado, porque sus raíces se han profundizado en la tierra. Sin importar el calor ni el frío, se mantiene vigorosa, y siempre da fruto en todo tiempo. A partir de los 50 años, la palmera comienza a ofrecer sus mejores frutos, lo que indica que, a medida que el árbol madura, su productividad aumenta. Aplicándolo al contexto humano, esto significa que, cuanto más adulta es una persona, mejor es su calidad de vida debido a la madurez adquirida. La madurez de un ser humano se divide en tres categorías:

1. ***Primera:*** *Cuando los cinco sentidos se desarrollan completamente, generalmente después de los doce años.*
2. ***Segunda:*** *Cuando el joven entra en la primera etapa de la adultez, alrededor de los 23 años.*
3. ***Tercera:*** *Después de los cincuenta años, cuando la persona alcanza una madurez sólida, principalmente emocional. Con un alma madura, se pueden realizar encomendaciones sin entorpecerlas.*

La fuerza real proviene de una mente madura

Muchos creen que la fuerza está en los jóvenes, pero en realidad, la verdadera fuerza radica en la capacidad y la madurez que se adquieren a lo largo del tiempo, tras superar los obstáculos del camino. Lo que sé y entiendo ahora no se compara con lo que era y sabía antes. Si lo notas, la mayoría de los presidentes de un país son personas que superan los cincuenta años y poseen una gran madurez. La sabiduría no se compra ni se vende; se logra a través de la práctica, como si se viviera en la escuela de la vida. Por falta de madurez, muchos han tomado decisiones negativas que han tenido resultados lamentables.

La palmera en sentido espiritual

Representa la Palabra de Dios, y todos los que nacen de ella son llamados árboles o palmeras que crecen en el Líbano, en el monte de Dios. Estos árboles simbolizan a los hijos de Dios, quienes, como iglesia de Cristo, han sido bien plantados en la verdad, con raíces profundas en el monte de Sión, en las Escrituras. Creo que Débora se sintió tan conectada con esta palmera porque, a través de ella, recibía un mensaje de Dios que afirmaba su fe y revelaba la iglesia futura. Así como este árbol, aquellos que han echado mano de la vida eterna que Cristo vino a ofrecer a través de su muerte. Débora se sentaba debajo de la palmera y desde allí compartía palabras de vida que despertaban el buen juicio y promovían la buena obra. Esto significa, espiritualmente, que solo cuando nos sometemos al conocimiento de las Escrituras podemos encontrar un buen entendimiento que nos permite compartirlo con otros, especialmente con nuestra familia.

Nuestra misión como iglesia

Es abrir los ojos a quienes desean la vida eterna y escapar de la condenación. Observa que las palmeras dan sus mejores frutos después de los cincuenta años y pueden producir todo el año. Hoy, Débora sigue dando frutos a través de su testimonio de valentía y superación, dejándonos un estímulo como iglesia para mantenernos firmes en la fe, sin desmayar y sin temor al enemigo. Ella nos recuerda que, como modelo de la iglesia presente, la victoria ya es nuestra, porque Dios la ganó ayer. Con Jesucristo en la cruz, enterró la estaca en la cabeza del enemigo.

Llamados a dar frutos

Nos enseña que, como palmeras, estamos programados para dar frutos al hambriento y devolver el entendimiento sobre la verdadera vida que proviene del Árbol de la Vida, quien es Cristo. "Aún en la vejez darán sus mejores frutos." Así como la palmera, el creyente debe dar fruto en todo tiempo, y no solo eso, sino que continuará dando frutos aun después de la muerte física. Todos los hombres de la Biblia siguen dando frutos hoy a través de su testimonio y enseñanza. Los que vivimos en la actualidad disfrutamos de las verdades que ellos nos han legado, las cuales han marcado la historia. Esos primeros padres y testigos de la fe, que provienen desde la antigüedad, fueron fundamentados en las Escrituras y continúan dando frutos para que todos disfrutemos de esta salvación. Cuanto más nos acerquemos al final, mejores serán los frutos.

Las enseñanzas de Débora

Nos muestran que, primero, debe haber una preparación de la tierra antes de ser sembrada, para que luego pueda dar frutos. Este proceso implica un crecimiento hasta que el árbol esté listo para la cosecha y pueda ofrecer sus frutos. En otras palabras, primero hay un llamado, luego una preparación y, finalmente, cuando el fruto está maduro, se puede servir. El fruto no es para uno mismo; su propósito es ser compartido con otros. El árbol no se come sus propios frutos, sino que los dispone para el beneficio de los demás.

La unción de Débora

La manifestación de la unción de Débora nos presenta un modelo valioso para aprender sobre el verdadero poder de la vida. La falta de entendimiento a menudo nos lleva a cometer muchos errores. La vida de un niño se basa en recibir, pero, al convertirse en adulto, una persona adquiere la capacidad emocional de compartir y dar sin esperar nada a cambio. Mientras una persona es emocionalmente inmadura, su actitud tiende a ser egoísta, esperando recibir sin ofrecer nada a cambio y buscando sacar ventaja en cada situación. Sin embargo, la madurez marca la diferencia, ya que la persona se muestra dispuesta a ser productiva al compartir con los demás.

La palmera anuncia al Rey Jesús

La acción de Débora al ejercer su liderazgo desde una palmera nos profetiza sobre una humanidad restaurada por el Mesías, asegurando que ningún mal la detendrá. Además, está anunciando a una mujer llamada María, quien más tarde traería al mundo la simiente de Jesús, el árbol de salvación, que serviría como el arma mortal para destruir por completo la ceguera mental del enemigo. Esta palmera también revela la entrada triunfal del Mesías a Jerusalén, montado en un asno, mientras el pueblo de Israel sale a su encuentro con palmas en las manos—palmas que simbolizan alabanzas y adoración. Un día, saldremos al encuentro de nuestro Mesías, alabándolo y reconociéndolo como Rey y Señor del mundo (Lucas 19:28-38).

Débora se llamó profetiza

Porque anunciaba un mensaje para el futuro; no solo vislumbraba el triunfo del presente, sino que también contemplaba la victoria de la iglesia de Cristo en el futuro. Muchos vendrían a buscar entendimiento en las Escrituras sobre el árbol de la vida, cuyas frutas saciarían el hambre de muchos.

La palmera Representa la iglesia.

Como mencioné antes, la palmera simboliza la iglesia que ha sido plantada en un lugar visible, para que todos puedan encontrarla y buscar en ella los frutos de vida. Es una iglesia ungida para proclamar justicia, equidad, amor, estabilidad, paz y libertad para los pueblos. Esta iglesia fue comprada a precio de sangre y no está fundada en cualquier tierra, sino en el Líbano, en el Monte Santo (Salmos 24:3-6).

A pesar de las circunstancias, esta iglesia prevalece y da sus mejores frutos en cualquier temporada, especialmente aquellos que están reservados para el futuro.

La región montañosa de Efraín

Posiblemente las palmeras no crecían en esa región, por lo que para Débora esta palmera podría representar algo especial que la conectaba con su interior y con la visión espiritual que Dios le revelaba como profetisa sobre el futuro de este árbol en el corazón del hombre. Débora encarnaba a esta palmera, sembrada en el monte de Dios como mensajera del reino. Dios la había colocado en alto ante su pueblo, como un árbol de vida, para impartir sus frutos a través de enseñanzas que cambiarían el curso de la historia.

De igual manera, la iglesia de Cristo está situada en un lugar alto, en el monte de Sión, para que todos puedan verla y acudir a ella en busca de respuestas a las situaciones negativas que los agobian.

Es la iglesia está sobre toda institución

La iglesia está establecida como consejera, para abrir la mente del mundo con la verdad sobre la salvación del alma. Si el ser humano encuentra entendimiento sobre sus pensamientos, también logra estabilidad emocional y un balance en su conducta; pero solo en las Escrituras se halla verdadera sabiduría. Solo debajo del árbol de la vida (Jesucristo) se encuentra la "doble porción" de la vida eterna.

Un árbol que crece hasta hoy

La palmera donde Débora se encontraba sentada representa el mismo árbol que estuvo desde un principio en el monte Alto y que luego apareció en el huerto del Edén. Este es el mismo árbol que Adán sembró en su huerto al ser echado del paraíso para labrar su propia tierra. Más tarde, el mismo árbol se encuentra en el monte de Efraín, donde Débora disfrutaba de su sombra y compartía sus frutos con los demás. Este es el

10

mismo árbol que, más tarde, se convirtió en un madero para exhibir en alto al Mesías, el fruto de vida que todos necesitan para encontrar la vida eterna. Hoy, la semilla de este árbol de vida ha sido sembrada en el corazón de la iglesia de Cristo, para ofrecer sus frutos al hambriento y permitir que encuentre en él la satisfacción de un reposo que nunca terminará (Apocalipsis 2:7). Solo aquellos que escuchan lo que el Espíritu dice a las iglesias y vencen sus batallas mediante la fe, comerán del árbol de la vida que está en el paraíso de Dios.

Seis cosas plantadas en el corazón del ungido:
1. **El ungido ama la justicia:** Según el diccionario, una persona justa es aquella que practica la justicia. La justicia se define como dar a cada cual lo que le corresponde, sin engaños, diferencias ni acepción de personas. El justo declara y practica la verdad, a pesar de los resultados negativos que pueda enfrentar, y sabe poner límites y actuar con equidad.
2. **Práctica el amor:** El ungido revela compasión, empatía y tolerancia, entendiendo que todos somos iguales y que las necesidades del otro pueden ser también las suyas.
3. **El ungido crece:** Quedarse estancado e improductivo indica que algo no está bien y que el crecimiento ha sido detenido. Una de las estrategias del enemigo es frenar el desarrollo del ser humano, dejándolo atrapado en una mentalidad infantil, ya que un niño no sabe defenderse ni tomar buenas decisiones. La madurez y el entendimiento son lo que nos capacita y despierta nuestro juicio para derribar los obstáculos del camino y los argumentos del maligno que se levantan contra la fe (2 Corintios 10:3-5).
4. **El ungido está bien plantado:** No está sembrado en cualquier lugar; su confianza y seguridad están firmes en un monte alto, en el monte de Sión. Allí, las Escrituras se revelan a los ungidos y aprenden a luchar sus batallas para

obtener bendición. Los plantados en la fe alcanzan firmeza y reconocen que hay que pagar un precio por la vida eterna, pues solo los valientes la arrebatan. Una persona inconstante en la fe tiende a ser como las olas del mar, pero los que confían plenamente en las Escrituras no serán avergonzados. El ungido proviene de lo alto, minimizando las cosas terrenales (Habacuc 3:19; Salmos 18:33).

5. **El ungido da frutos:** Se conoce por su testimonio y porque revela el poder de la nueva vida proveniente del árbol de la vida eterna (Jesús). Su semilla se ha esparcido por todas partes, y hoy podemos disfrutar de sus frutos (Salmo 1:3; Mateo 7:16-17; 13:23).

6. **El ungido se somete al proceso:** Hay un proceso de transformación y madurez antes de dar frutos. Primero se limpia la tierra, luego se siembra la semilla y se espera a que el árbol crezca hasta alcanzar su madurez, para finalmente dar frutos listos para comer. Como se menciona en Gálatas 5:22, el creyente plantado en las Escrituras debe dar frutos dignos de arrepentimiento que satisfagan el alma.

Dos
LA UNCIÓN ES PARA LOS QUE LA ARREBATAN

Salmos 92:12-15 *El justo florecerá como la palmera; crecerá como cedro en el Líbano.* ¹³*Plantados en la casa de...*
Apocalipsis 2:7 .. Jehová, en los atrios de nuestro Dios florecerán. El que tiene oído, oiga lo que el Espíritu dice a las iglesias. Al que venciere, le daré a comer del árbol de la vida, el cual está en medio del paraíso de Dios.

Entre todos los llamados para recibir la unción, solo los escogidos la obtienen. Aquellos que responden al llamado con entusiasmo y se aferran a la vida eterna (Mateo 22:14) son los que la reciben. Los incrédulos, por su falta de fe e ignorancia, no pueden depositarse en las manos del Señor y, por lo tanto, quedan excluidos de esta bendición.

¿Qué es la unción?

Antes de proseguir y ver a Débora como un modelo de la unción, es importante comprender el verdadero significado de este concepto. La unción es un don, un soplo, una misión o encomienda; sobre todo, es un regalo de vida. Se puede comparar a un perfume en un frasco: el frasco representa el cuerpo, mientras que la sustancia es el perfume. Así como un perfume humano tiene su valor, la unción de vida también tiene un precio que solo podemos pagar con nuestras propias vidas.

La Unción y sus dos manifestaciones de vida:
1. La primera es la porción de vida que Adán recibió: Esta ocurrió en el huerto del Edén, limitada por el pecado cuando, por descuido, el maligno se la arrebató. Desde ese momento, el hombre abrió la puerta a la muerte y fue

sentenciado a morir eternamente, al igual que Satanás. Sin embargo, en su infinita misericordia, Dios, al ver que el ser humano había sido engañado por su inocencia, tuvo compasión y preparó un plan de rescate.

2. **Así surge la segunda oportunidad de vida:** "La doble porción del Espíritu de Dios". Por ello, Dios plantó en el huerto del Edén el árbol de la vida como rescate y solución para el hombre. Recuerda que el huerto del Edén fue el primer modelo de vivienda para la humanidad, donde todos los demás diseños debían seguir su ejemplo. En este modelo ya estaba plasmado todo, incluyendo los dos árboles que influenciarían al mundo a través de la enseñanza: el árbol de la ciencia del bien y del mal (representando a Satanás) y el árbol de la vida (representando a Jesús). El árbol de la ciencia del bien y del mal traía consigo el fruto de la muerte por el pecado, mientras que el árbol de la vida ofrecía salvación y vida eterna.

La unción nos devuelve la vida

Dios vino a ofrecer al hombre una segunda oportunidad de vida, pero esta vez con una condición: para recibirla, debía ganársela. La primera vida que Adán recibió fue gratuita y sin esfuerzo. Sin embargo, para obtener esta segunda oportunidad, el hombre tendría que pagar un precio. Por eso, se le dijo: "Ganarás el pan con el sudor de tu frente, hasta que vuelvas a la tierra" (Génesis 3:19). Esto significa que el hombre (la parte espiritual) debe sembrar en su huerto (el corazón o la mente) la semilla del árbol de vida, para que pueda comer y vivir para siempre.

La unción requiere un sacrificio y esfuerzo

Cuando Dios echó al hombre del huerto, le mandó a labrar la tierra, lo que implica que, para alcanzar esta segunda porción de vida eterna, es necesario dedicación y esfuerzo. Aunque Dios expulsó al hombre del Edén, no lo dejó desamparado; le dio el regalo de la semilla del árbol de la vida eterna para que la sembrara en su corazón. Desde entonces, el enemigo ha desatado una cacería contra el hombre para arrebatarle esa semilla de fe. Por eso, Caín mató a Abel. El objetivo de Satanás es robar la fe del hombre para que no crezca en la Palabra que transforma el entendimiento. Este árbol de vida debe ser plantado en tu huerto (el corazón), y es crucial velar por su crecimiento hasta que dé frutos que alimenten a otros.

La unción o la vida es para todos

El árbol de la vida representa la unción prometida a todos los hambrientos de espíritu, y solo aquellos que coman de él vivirán eternamente. Hay un reloj marcando el tiempo para cumplir el proceso de siembra y cosecha, antes de que la sentencia de muerte física se cumpla y venga por el alma. La semilla del árbol de la vida se encuentra en las Escrituras, y la tierra es nuestro corazón, es decir, nuestra alma. El alma es donde residen los pensamientos y sentimientos, y es allí donde Dios quiere plantar la semilla de la fe, para que los frutos del Espíritu Santo se revelen en nuestras emociones y, posteriormente, nuestra conducta muestre los resultados de la nueva vida.

Los frutos dan testimonio de la unción

¿Cómo sabemos que estamos corriendo bien esta carrera y que en nosotros se está cumpliendo la doble unción de vida? La respuesta está en la siembra y el crecimiento. Cuando la semilla ha sido sembrada y se hace evidente la madurez del árbol, los frutos que producimos serán visibles y estarán disponibles para que otros los consuman. "Por sus frutos los conoceréis" (Mateo 7:20; Gálatas 5:22).

Dos Hombres, Dos Vidas Espirituales.

La doble porción revelada en 2 Reyes 2:9. En este relato, encontramos dos figuras que simbolizan la vida espiritual: Elías, que representa a Cristo, y Eliseo, quien encarna a la iglesia. Eliseo busca la "doble porción" del espíritu de Elías, un deseo profundo por recibir el poder y la unción necesarios para dar testimonio de la fe en la tierra. El propósito de esta búsqueda no es solo ser fortalecido para el servicio, sino también prepararse para ser trasladado al cielo en el rapto. La iglesia, al igual que Eliseo, reconoce la necesidad de esa unción divina para cumplir su misión en el mundo y estar lista para el encuentro con su Salvador. Así, Elías y Eliseo nos enseñan que la conexión entre Cristo y la iglesia es fundamental para recibir el poder que nos capacita para vivir y testificar en la tierra, mientras esperamos el glorioso momento de ser llevados a la presencia de Dios.

La Representación de Elías y Eliseo

La Biblia usa la figura del hombre para reflejar lo espiritual y la de la mujer para representar lo terrenal. En este contexto, Elías simboliza a Jesús, el árbol de la vida que fue sembrado fuera del huerto del Edén. Su papel es crucial, ya que es la fuente de vida y salvación. Por otro lado, Eliseo representa a la iglesia, comprada a precio de sangre. Esta iglesia es como un árbol plantado en el mundo, diseñado para alimentar al hambriento y ofrecer los frutos de la fe y la gracia. A través de la unción que recibe, Eliseo se convierte en un canal para manifestar el poder de Dios y servir a la humanidad.

La Búsqueda de Eliseo: Una Lección de Fe

Eliseo, al reconocer el valor del árbol representado por Elías, nos enseña sobre la búsqueda activa de la unción y el poder de Dios. Su determinación por obtener "la doble porción" del espíritu refleja un deseo profundo de vivir en la plenitud de la fe y el servicio. Al pedir esta porción, Eliseo demuestra su entendimiento de que la vida espiritual no es solo una cuestión de conocimiento, sino de una relación íntima con la fuente de vida: Cristo. Esta búsqueda de la unción es un paralelismo a lo que Dios hizo con Adán, y más tarde, lo que Jesús hizo con sus discípulos. Así, cada generación está llamada a recibir y compartir la vida transformadora de Dios.

La conexión entre Elías y Eliseo

Resalta la importancia de ser canales de esa vida en el mundo. Eliseo no solo busca el poder para sí mismo, sino para llevar ese mensaje de esperanza y transformación a otros. De esta manera, se nos recuerda que, al igual que Eliseo, estamos llamados a perseguir lo divino y compartir los frutos del Espíritu con aquellos que nos rodean. Es imposible que un ser humano le de vida a otro, pero Jesús vino a dar vida y vida en abundancia; así como la iglesia tiene esa misión de compartir la vida de Cristo con otros. El Espíritu Santo ha sido prometido para todos los creyentes y solamente lo reciben aquellos que creen en Jesús y que han recibido el manto de la Palabra o de la unción) *(Hechos 2:38; Ef. 1:13; 3:16-17 y Gálatas 3:2-5).*

El Precio de la Unción

La advertencia de Elías a Eliseo resalta la importancia de la fe constante y la determinación. Para recibir "la doble porción" del espíritu de Dios, Eliseo debía mantenerse enfocado, resistiendo las distracciones de los 50 profetas que lo rodeaban. Esto refleja nuestra propia jornada espiritual, donde incluso en el ámbito religioso podemos encontrarnos con distracciones, provenientes de quienes, aunque conocen la Palabra, carecen de una relación íntima con el Espíritu Santo. Estas distracciones pueden manifestarse como materialismo, ambiciones personales o la búsqueda de reconocimiento dentro de la comunidad de fe. El desafío es permanecer firmes y enfocados en la misión de Dios, sin permitir que estas distracciones nos desvíen de la unción y del propósito divino.

El llamado para recibir la unción es claro:
La meta de todo creyente es cultivar una relación íntima con Dios, que nos ayude a discernir y rechazar las distracciones que nos impiden recibir la plenitud del Espíritu. Este compromiso es esencial para experimentar una verdadera transformación y cumplir nuestra misión en el mundo. Reflexionemos: ¿Qué distracciones debemos dejar atrás? Identificar lo que nos aleja de nuestra misión espiritual y de una conexión más profunda con Dios es fundamental. La ambición, el deseo de fama y la necesidad de reconocimiento pueden llevarnos a vivir en la superficialidad, acumulando conocimiento sin experiencia real. No se trata solo de saber, sino de vivir esa verdad. Necesitamos ser llenos del Espíritu Santo para dar testimonio del cambio que Cristo ha obrado en nosotros. Esta transformación se refleja en nuestras acciones y en el impacto que tenemos en quienes nos rodean. La verdadera unción se manifiesta en amor, compasión y un testimonio genuino de una vida transformada por el poder de Dios.

El Jordán: Un Espacio de Transformación
El Jordán simboliza el bautismo y la muerte al yo, un lugar sagrado donde dejamos atrás distracciones y deseos mundanos para resucitar a una nueva vida en Cristo. La unción no se obtiene sin esfuerzo; requiere un compromiso profundo y la disposición a renunciar a lo que nos impide seguir al Señor. La enseñanza de Eliseo y Elías nos invita a reflexionar: ¿Estamos dispuestos a pagar el precio por una vida transformada? Esta respuesta determina nuestra capacidad para experimentar la plenitud de la unción. Al sumergirnos en el proceso de transformación en el Jordán, encontramos la verdadera vida que Dios tiene reservada para nosotros, una vida de frutos y propósito, guiados por su Espíritu.

Dios Siempre Quiere Dar Su Vida

Desde antes de la creación, el Espíritu de Dios se movía sobre la faz de la tierra, impartiendo su soplo de vida. Solo Dios puede dar vida, y la muerte apareció con la caída de Luzbel (Satanás), quien albergó maldad. De hecho, la muerte ya existía antes del pecado de Adán y Eva, lo que llevó a Dios a establecer un plan de redención para otorgar vida al hombre. Jesús es ese plan perfecto que vino a dar vida y vida en abundancia. Su muerte simboliza el bautismo, que implica tanto muerte como nueva vida. El precio para alcanzar la vida eterna es entregar nuestra vida humana, marcada por el mal, para recibir la nueva porción o unción de vida.

El ladrón solo viene para robar y matar y destruir; yo he venido para que tengan vida, y para que la tengan en abundancia.
Juan 10:10 LBLA

Tres
LA UNCIÓN NO TIENE LÍMITES

La inferioridad ha sido uno de los males principales en el mundo, creando divisiones y menosprecio social. Aquellos que se creen superiores a menudo mal utilizan su poder para someter a otros. En el caso de la mujer, históricamente ha sido tratada de manera desigual. Durante la época de Débora, el pueblo de Israel reflejaba estas actitudes hacia las mujeres. Aunque Débora reconocía su propio valor, su testimonio no tenía validez en un tribunal, lo que obligaba su autoridad a depender directamente de Dios para ganar respeto y reconocimiento ante el pueblo.

A las mujeres le quieren poner un limite

Vivimos en una época en la que muchas mujeres aún enfrentan limitaciones y son vistas como inferiores, incluso algunas creen en esa ideología. Débora se levantó en un tiempo similar, donde a las mujeres se les imponían límites y se les negaba voz y poder. Enfrentó significativos obstáculos, desde la falta de reconocimiento hasta la oposición social. Sin embargo, demostró que, con el poder de Dios, nada es imposible para quien cree. Usó la autoridad divina que recibió para confrontar a sus enemigos, mostrando que la fe y la determinación pueden romper cualquier barrera (Marcos 9:23; Filipenses 4:13). Su vida es un ejemplo inspirador de valentía y liderazgo en medio de la adversidad.

Débora venció los obstáculos

En la Biblia, Débora se destaca por su notable autoridad e influencia entre su pueblo. Al centrar su mirada en la fuente eterna, encontró su identidad y valor ante Dios. Los israelitas, incluidos los hombres, acudían a ella en busca de consejo y se sometían a sus enseñanzas, lo que le permitió ganar su confianza y convertirse en Jueza y Profetisa de Israel. Su ejemplo nos enseña que, sin importar nuestra condición, cuando Dios nos elige para una misión, Él cumplirá su propósito a pesar de los obstáculos y las opiniones contrarias. Así es como la unción nos elige, nos prepara y nos envía con poder y autoridad, sin importar las adversidades o lo que digan los demás.

Mujer, no te límites
No mires los obstáculos ni los defectos que enfrentas; simplemente ríndete a cumplir la buena voluntad de Dios y levántate con valentía. Tu disposición para amar sin límites y obedecer prepara tu corazón para que Dios deposite en él su semilla de vida. Acepta su llamado, mantén una actitud positiva y firme en la fe, sin distraerte por lo externo. Aunque Débora no contaba con respaldo social, cuando Dios desea usar a alguien, solo necesita ver su disposición, y Él obrará a través de esa persona.

La visión de Débora respeta posición
Débora tenía una convicción plena en Dios y sabía lo que Él quería para su pueblo. A pesar de que Dios la había llamado directamente y ella conocía la mejor forma de enfrentar al enemigo, no actuó de manera impulsiva. Reconoció el orden divino establecido desde la creación y se sometió a él. Al respetar el liderazgo del hombre, consultó primero a Barac, el jefe del ejército de Israel. Aunque Barac parecía descuidar su posición por el miedo que sentía ante un enemigo aparentemente más fuerte, su actitud refleja la parte espiritual descuidada del ser humano, que se aleja de Dios por temor y las amenazas del enemigo. El pueblo de Israel había estado

alejado de Dios, lo que permitió que el enemigo lo asediara durante veinte años, debido a la falta de cobertura divina.

Dios busca a un humano valiente

Recuerda que el hombre representa la parte espiritual y la mujer la parte terrenal. En las Escrituras, cuando Dios desea tratar con la parte humana, usa ejemplos femeninos, mientras que para la parte espiritual utiliza ejemplos masculinos. En el caso de Débora, ella simboliza una humanidad dedicada al servicio de Dios, representando proféticamente a la iglesia comprada a precio de sangre, destinada a marcar la diferencia y anunciar la verdadera libertad espiritual de la opresión del enemigo. Por otro lado, Barac representa el descuido espiritual del pueblo, que fue estimulado por Débora, la iglesia. Ella vino a animar y devolver la confianza al pueblo para retomar la batalla contra el enemigo. Este es el propósito de la iglesia: activar la fe en la nueva vida que Dios ha prometido desde el principio, para que el hombre luche por su salvación.

Un ejemplo para hoy

Comparando esta situación con la vida actual, vemos que el mundo ha descuidado su vida espiritual, y solo un pequeño remanente permanece conectado con Dios, dispuesto a escuchar su voz y seguir sus mandatos. La humildad de Barac al reconocer el plan divino, sin importar que proviniera de una mujer, es notable. Él aceptó su condición y le dio su lugar a Débora como sierva del Altísimo al decir: "Si tú no vas conmigo, no iré". Esto muestra que Barac comprendió que la unción estaba en ella y que, sin ese poder, vencer al enemigo sería imposible. Este reconocimiento implica que el mundo ve que solo a través de la iglesia de Cristo hay esperanza y salvación. La iglesia es "la sal de la tierra" (Mateo 5:13-16), y así como la abeja produce miel, Débora vivía para endulzar el tiempo amargo de su pueblo. De igual manera, la iglesia de Jesucristo está aquí para traer gozo y satisfacción al alma.

La victoria está en mano de mujer
Aunque Débora reconoció el lugar de Barac, él le permitió ir con él a la guerra, pero ella le advirtió que la victoria estaría en manos de una mujer. Esto simboliza que la victoria contra el enemigo de las almas está en la iglesia de Jesucristo. Cuando la iglesia está conectada con Dios, recibe el entendimiento de Su Palabra, la cual puede golpear y destruir al enemigo por completo. La fuerza espiritual de la iglesia es crucial para derrotar las fuerzas del mal.

Débora tomó acción en su tiempo.
Su unción se revela cuando decide levantarse y declarar su misión como **"madre"**. Al principio, la vemos sentada debajo de un árbol, actuando como consejera y sometida a la Palabra de Dios. Durante este tiempo, se alimentó de las Escrituras y las compartió con otros que también buscaban fortalecerse, preparándose para la batalla.

Cuando alcanzó la madurez, se levantó como capitana de guerra. Esto nos enseña que la unción y el llamado de Dios requieren un proceso de crecimiento. No podemos quedarnos en un mismo nivel; debemos avanzar en el tiempo de Dios. Débora esperó, observando injusticias durante veinte años, sin que nadie se levantara en defensa del pueblo.

Mientras esperas tu propio llamado, recuerda que Dios te está capacitando y entrenando. Sin preparación, Él no enviará a nadie. La inmadurez puede ser desastrosa, ya que una persona inmadura puede arruinar lo que ha construido. Un padre sabio nunca confiará algo valioso a un niño, y así mismo, Dios nos prepara antes de confiarnos una misión.

Débora mostró el poder de la unidad
La unción de Dios en nosotros nos unifica. Desde el principio, Dios diseñó la unidad al crear a dos personas para cumplir una misión de multiplicación y compañerismo. Es fácil afirmar que amamos a los demás cuando no enfrentamos desafíos; sin embargo, el verdadero amor se demuestra a través de la empatía y la tolerancia. A menudo, cuando alguien nos opone resistencia, tendemos a cerrarnos y alejarnos.

Débora, al considerar a Barac como el jefe del ejército de Israel, mostró prudencia y respeto, a pesar de su falta de fe. En lugar de menospreciarlo, lo valoró. Dios examina nuestras interacciones y la intención de nuestro corazón, ya que muchos problemas humanos surgen de las emociones (Eclesiastés 4:9). Algunas personas prefieren estar solas para evitar lidiar con sus emociones y las de los demás.

Sin embargo, cuando dos personas se unen con un propósito común, pueden manifestar el amor y dar fruto de vida. La unión fortalece nuestras acciones y puede tener repercusiones tanto en la tierra como en el cielo (Mateo 18:18). En resumen, es la colaboración y la unidad lo que nos permitirá enfrentar y vencer el mal.

La Primera Señal de la Unción o de la Vida Eterna
Cuando Dios revela su poder al ser humano, la primera acción es remover el temor y brindar seguridad. La Escritura nos recuerda que "Dios no nos ha dado un espíritu de cobardía, sino de poder, amor y dominio propio". Al entender nuestra misión como iglesia y contar con el poder divino, podemos enfrentar cualquier situación sin temor.

Es fundamental recordar que el alma no tiene género ni rango social; es un soplo que busca liberarse de la condenación eterna. La nueva vida en Cristo nos libera del miedo a la muerte y a las pérdidas. El temor limita nuestra capacidad y nos lleva a buscar protección humana, alejándonos de la confianza plena

en Dios.
"Sin fe es imposible agradar a Dios" (Hebreos 11:6-8). La fe nos conecta íntimamente con nuestro Creador y nos da paz, incluso en tiempos difíciles. Esta paz es especialmente valiosa en momentos de adversidad, cuando caminar sobre el agua parece imposible y el miedo a hundirse es real.

Reflexiones

La vida del sabio es como una fuente que cuando sus aguas se agotan, mantiene sus puertas abiertas, esperando que las aguas de otras Fuentes por encima de él sean derramadas. Por Grisel J. Pitre

Confía en el SEÑOR con todo tu corazón, y no te apoyes en tu propio entendimiento…Proverbios 3:4, <u>Reina Valera 1909</u>

Cuatro
LA UNCIÓN TE LEVANTA

Aunque los dones y talentos son esenciales para el crecimiento de la iglesia, es la unción la que realmente marca la diferencia, transformando vidas y produciendo cambios profundos. La unción es lo que da vida y propósito a cada habilidad, permitiendo que el mensaje de Dios resuene con poder en el corazón de su pueblo. El enemigo puede apagar los dones y los talentos, pero la iglesia que es concebida por el Espíritu Santo, se levanta como MADRE, para anunciar al mundo, la vida nueva que proclama la justicia divina que defiende al desvalido, y a los hombres sin esperanza. Débora dio a luz la visión y como una mujer embarazada anunció que acababa de parir la nueva vida que Dios había prometido al mundo. Como profetiza, Débora recibió la relevación de Dios para que el pueblo alcance la victoria; de la misma forma como nos deja saber que tenemos el triunfo en nuestras manos porque Jehová va delante.

La unción de Débora se manifiesta de diversas maneras:
1. **Como Profetiza:** Débora, en su papel de profetiza, actúa como intermediaria entre Dios y su pueblo. Ella recibe y comunica la revelación divina, guiando a los israelitas en momentos de crisis. Su capacidad para escuchar la voz de Dios y transmitir su mensaje muestra cómo la unción permite discernir la voluntad divina. Al igual que Débora, la iglesia está llamada a ser voz profética en el mundo, anunciando la verdad y brindando dirección. La unción de Dios capacita a los creyentes para hablar con valentía y claridad, desafiando las injusticias y proclamando la esperanza en Cristo. Esta función profética es crucial para fortalecer la fe del pueblo y recordarles que Dios sigue actuando en sus vidas, incluso en tiempos difíciles. La unción de la profecía no solo ilumina el camino, sino que también transforma corazones, impulsando a las personas a actuar con fe y a buscar la justicia y la verdad en sus comunidades.
2. **Como consejera:** Débora, como consejera, es un pilar de sabiduría para Israel, guiando al pueblo en momentos de

incertidumbre. Su habilidad para escuchar y ofrecer orientación divina refleja el corazón de Dios. Al aconsejar a Barac y motivarlo a enfrentar al enemigo, muestra cómo la unción inspira valentía y restaura la confianza. La iglesia, al igual que Débora, debe ser una fuente de consejo y apoyo, usando su unción para impartir sabiduría que transforme vidas y acerque a las personas a Dios. Los dones y talentos en la iglesia son como el aceite que ajusta las piezas de una máquina, asegurando un funcionamiento óptimo.

3. **Como defensora:** Débora, reacciona ante la opresión que afecta a su pueblo, mostrando que la vida del Espíritu Santo nos impulsa a actuar frente a la injusticia. Su unción la lleva a combatir el mal con valentía, reflejando el corazón de Dios que nos motiva a pelear por otros. Así como una madre lucha por sus hijos, Débora simboliza la enseñanza de una iglesia fundamentada en la Palabra, que cuida y alimenta a sus creyentes mientras los guía hacia la madurez espiritual. En este rol, la unción nos invita a levantarnos y hacer frente a las adversidades con amor y determinación.

¿Dónde la unción se revela?

La unción se revela en la mente, como se ilustra cuando el pueblo de Israel busca los consejos de Débora bajo la palmera. Esto resalta que las enseñanzas que recibimos desde pequeños forman nuestro carácter y comportamiento. El Espíritu Santo trabaja en nuestro interior para reprogramar nuestra mente, eliminando información innecesaria y ajustándola a las Escrituras. Al transformar nuestros pensamientos, también se renuevan nuestros sentimientos y conducta, revelando así la nueva vida en Cristo. La unción se manifiesta a través de enseñanzas positivas que guían nuestra vida espiritual (ver Juan 8:32).

Débora bajo la unción de Dios mostró:

1. **Disponibilidad:** Débora se mostró dispuesta a ser un canal de bendición, manifestando compasión y empatía, esenciales para servir a otros.
2. **Humildad:** Reconoció su posición y la de Barac, sometiéndose a la voluntad de Dios mientras estaba sentada bajo la palmera, símbolo de dirección divina.
3. **Sometimiento al proceso:** A lo largo de veinte años de opresión, esperó pacientemente la intervención de Dios, reflejando la espera de la iglesia por su llegada.
4. **Bondad:** Su servicio desinteresado evidenció su entrega a los demás, alejándose del egoísmo común.
5. **Amor:** Débora mostró amor al valorar tanto su identidad como la de los demás, reconociendo la importancia de la madurez emocional.
6. **Conocimiento:** Ungida para enseñar, entendía que un pueblo con conocimiento podría cambiar su situación, iluminando su entendimiento.
7. **Obediencia:** Actuó fielmente según la voz de Dios, convirtiéndose en un valioso instrumento para su reino.
8. **Valentía:** Débora enfrentó sin miedo los obstáculos que le presentaba su rol como mujer, uniendo al ejército de Israel para combatir al rey cananeo Yabín y al jefe Sísara, desafiando también las normas de una sociedad machista.
9. **Autoridad:** La unción la dotó de poder, eliminando todo miedo (1 Juan 4:18).
10. **Sabiduría:** Débora demostró una profunda sabiduría, sabiendo cuándo y cómo actuar para prevenir problemas, evitando decisiones impulsivas.
11. **Prudencia:** Reconoció la posición de Barac, actuando con cautela y animándolo a cumplir su responsabilidad, mostrando que la unción también requiere paciencia.
12. **Unidad:** Promovió la colaboración, entendiendo que la madurez se forja en la convivencia y en la armonía a pesar de las diferencias.

13. **Cuidado maternal:** *Su servicio fue desinteresado, mostrando compasión, empatía y cuidado hacia los demás. La unción no tiene nada que ver con el egoísmo.*
14. **Fe activa:** *Débora demostró fe al confiar plenamente en Dios y levantarse sin miedo, entendiendo que la fe puede mover montañas.*
15. **Madurez:** *La unción le permitió crecer en entendimiento y juicio, preparándose para liderar y guiar a otros con responsabilidad.*
16. **Los frutos del Espíritu Santo:** *La manifestación de la unción se evidenció en su vida, mostrando resultados tangibles y positivos.*
17. **Tiempo de cosecha:** *Débora esperó su tiempo de madurez para ser un testimonio de vida, destacando que el crecimiento espiritual es esencial antes de compartir lo que se ha recibido. Esperar el tiempo de Dios permite que el Espíritu complete su obra en nosotros, mientras que las personas inmaduras a menudo buscan resultados rápidos e impulsivos. La paciencia y la preparación son clave para cumplir el propósito divino.*

La unción es una misión

La unción es una misión que nos restaura la vida perdida en el huerto del Edén, ofreciendo luz, esperanza, poder y salvación. No podemos quedarnos inactivos al recibir esta "doble porción de vida", viendo cómo la muerte acecha nuestras almas y las de quienes nos rodean. Esta vida eterna se encuentra en la Cruz de Cristo, y es esencial morir a los deseos mundanos para encontrarla. Al hallarla, debemos compartirla con otros, tal como Elías lo hizo con Eliseo y Jesús con sus discípulos. La primera porción de la unción, recibida por Adán, le permitió caminar con Dios; la segunda, traída por Jesús, nos asegura resurrección y victoria sobre nuestros enemigos. Necesitamos esta doble porción para celebrar la vida eterna con Cristo.

Cinco
¿A QUIÉN DÉBORA REPRESENTA?

Jueces 4:8.
En los días de Samgar, hijo de Anat,
En los días de Jael, quedaron desiertos los caminos,
Y los viajeros andaban por sendas tortuosas. Se habían terminado los campesinos, se habían terminado en Israel, <u>Hasta que yo, Débora, me levanté,</u> Hasta que me levanté, como madre en...

La mujer simboliza la tierra, la humanidad, una nación y también la iglesia. En el caso de Débora, ella representa la iglesia de Cristo, encargada de una gran misión en la tierra y de llevar la Unción de vida que todos anhelamos. La iglesia es como una palmera, visible y fuerte, y como un faro de luz que guía hacia la salvación, liberando a muchos de la condenación y la muerte eterna.

Débora la iglesia de este siglo

La iglesia es como una palmera que se mantiene firme ante los vientos huracanados de un mundo en crisis. Plantada para transmitir sabiduría celestial, busca liberar a la humanidad de la muerte eterna. Se levanta en defensa de los oprimidos y lucha contra la injusticia, restaurando la lealtad de los pueblos. Su misión es abrir el entendimiento, ayudando a las personas a madurar y a defenderse del mal en todas sus formas. Con valentía, la iglesia no teme al enemigo, pues confía en que el GRAN YO SOY, JEHOVÁ EL FUERTE Y VALIENTE, es más poderoso que cualquier adversidad (Salmos 24:8).

Una iglesia que se levanta como madre.

El amor de una madre refleja el amor incondicional de Dios, ofreciendo cuidado y atención sin esperar nada a cambio. La misión de la iglesia es manifestar este amor al mundo, levantando al caído, protegiendo al indefenso y promoviendo la igualdad social. Este amor debe ser genuino, sin favoritismos ni manipulaciones, similar al de una madre que ama a su hijo sin importar sus defectos, pero también con la corrección necesaria. Así como un buen pastor defiende a sus ovejas, una madre se preocupa por la educación y bienestar de sus hijos, guiándolos hacia la madurez y enseñándoles a defenderse con justicia.

La iglesia que pelea por la verdad
La justicia es fundamental para defender tanto nuestros derechos como los de los demás, y nos ayuda a ejercer un juicio justo. Como iglesia, nuestra tarea es enseñar a la gente a enfrentar al enemigo mediante la verdad de la Palabra de Dios. Así como Jael usó una estaca para vencer a Sísara, nosotros utilizamos la Palabra para expulsar al enemigo de la mente humana. Es nuestro llamado proteger las almas de los ataques del mal, cubriéndolas con la sabiduría que proviene de las Escrituras.

El don de ser mujer y madre
La maternidad es uno de los mayores dones que una mujer puede recibir, convirtiéndose en portadora y procreadora de la vida. Concebir un hijo es un milagro, un proceso que comienza en el vientre y culmina con el nacimiento. Este llamado se menciona en Génesis 1:28 y se reafirma en Génesis 3:15-16. Al ser un canal de vida, la mujer enfrenta desafíos, ya que el enemigo intenta obstaculizar el proceso de gestación y evitar que la simiente nazca. Por ello, su papel es crucial: al ofrecer su vientre, lleva la doble porción de vida, la suya y la de su hijo. La misión de dar a luz surge tras la caída de Adán y Eva, marcando la necesidad de restaurar la vida afectada por el mal. Así, la mujer tiene la encomienda de traer al mundo a aquellos

que aportarán sabiduría y buena voluntad a la tierra (Lucas 2:14).

Te salvara engendro hijos (*1 Timoteo 2:15*)
La mujer es un instrumento de Dios para traer al mundo hombres ilustres que, con su sabiduría, pueden cambiar la historia y liberarnos de la opresión. Cada vez que una mujer da a luz, se enciende una luz en medio de la oscuridad. La frase "La mujer se salvará engendrando hijos" indica que la humanidad se renueva a través de aquellos que vienen a aportar al bien. El enemigo pensó que podría mantenernos en la ignorancia, pero una mujer eligió dar vida a Thomas Edison, quien inventó la lámpara incandescente en 1879, transformando así el rumbo de la historia y mejorando nuestra calidad de vida.

Si la madre de Hipócrates se hubiera negado a parirlo, la ciencia podría haber enfrentado grandes obstáculos, y muchas vidas se habrían perdido sin sus contribuciones. Hipócrates, como el padre de la medicina, sentó las bases de una práctica que ha salvado innumerables vidas. Hoy, consideramos a todos los jueces, presidentes, médicos, abogados, científicos, y otros profesionales que han hecho la diferencia en el mundo. Cada uno de ellos, al nacer, aporta al desarrollo y bienestar de la sociedad, ayudando a mejorar la vida de las personas y las comunidades.

La tierra se salvará con los hombres de buena voluntad
Dios utilizó a muchos hombres como instrumentos para que el Mesías llegara a la tierra. Los ángeles proclamaron: "Gloria a Dios en las alturas, y en la tierra paz entre los hombres de buena voluntad" (Lucas 2:14), reconociendo que esta misión requirió la colaboración de muchos que se sometieron al plan divino para lograr la redención. La misión de Dios se fundamenta en la unidad y las buenas relaciones. A

33

pesar de los intentos de Satanás por impedir el nacimiento de hijos valiosos, Dios sigue siendo el dador de la vida; solo Él puede darla y quitarla.

La tierra se salva con una mujer como tu

Si estás leyendo esto y te encuentras embarazada, reconsidera la idea de abortar o de ver a tu hijo como una carga. Recuerda que fue Dios quien decidió que esa vida estuviera en ti. Tómate un momento para reflexionar: ese hijo podría ser la luz que Dios quiere utilizar para iluminar y transformar la vida de muchas personas.

Posiblemente ha sido una mujer rota o afligida

Es posible que estés leyendo esto y te sientas afligida, sin valor. ¡Eso es una mentira de Satanás! Eres valiosa y una procreadora de los hijos de Dios, quienes vienen a bendecir la tierra. ¡Levántate y disfruta el don de ser madre! No permitas que el enemigo te hunda en la tristeza.

Un hijo es una luz que alumbra y salva al mundo

Tus hijos son tu tesoro; si no inviertes en ellos, no podrás cosechar nada de su interior. Reconoce el poder de la vida que tienes en tus manos. Eres capaz y virtuosa. Aunque a veces no veas resultados inmediatos, recuerda que, si has sembrado la Palabra en ellos, a su tiempo darán fruto. Ámalos, edúcalos y llena tu corazón de Dios para transmitirles la semilla del Árbol de la Vida. Tu papel es crucial, y tu dedicación marcará la diferencia en sus vidas. En ellos podrían estar los futuros doctores, jueces, abogados y científicos que descubran curas para enfermedades como el cáncer, la diabetes o el autismo. Con ellos, la tierra se salvará. No dejes de dar a luz a los hijos que cambiarán el mundo, liberándolo de la ignorancia y del mal.

Débora: La que hizo la diferencia

Los israelitas habían descuidado su vida espiritual, alejándose de Dios y cayendo bajo el dominio de los cananitas. Fue en este contexto que apareció Débora para cambiar la historia. El descuido espiritual provoca que la presencia de Dios se aleje de nosotros. Cuando reconocemos Su favor en nuestro camino, marcamos la diferencia y experimentamos Su misericordia y protección. Recuerda, tu labor es concebir, parir y cuidar, pero el crecimiento y la vida son obra de Dios. Sométete a Él y permite que haga el resto.

Dios entrega al enemigo en tus manos

Cuando el pueblo comenzó a buscar ayuda y consejo en una mujer llena de la unción de Dios, las cosas cambiaron. Es cierto que, ante la opresión del mal, podemos debilitarnos y desanimarnos, pero Dios nunca desampara a Su pueblo. Siempre envía a alguien que nos reanime y nos levante. Él nos ofrece un Consolador que también actúa como abogado para defendernos. La misericordia de Dios nos levanta, pero debemos esforzarnos y hacer nuestra parte. Jesús eligió a doce discípulos y les dio autoridad para derribar los poderes del mal; ellos actuaron con fe. Estos doce representan a toda la humanidad, simbolizando que todos tenemos la promesa de la vida eterna, sin excepción.

Es momento de levantarse y poner manos a la obra

Débora, al ver la necesidad del pueblo, exhortó a Barac: "¡Levántate! Porque este es el día en que el Señor ha entregado a Sísara en tus manos" (Jueces 4:14). Este llamado a la acción resuena en nosotros hoy. Cuando Dios nos da la dirección y el poder, debemos levantarnos con valentía y confianza, listos para enfrentar cualquier desafío. El tiempo de la inacción ha pasado. Es el momento de actuar, de creer en las promesas de

Dios y de avanzar hacia la victoria. ¡No dudes! La unción de Dios está contigo, y el triunfo está al alcance.

Dios va delante de nosotros

Es momento de retomar la confianza y creer que Dios va delante de nosotros. El ejemplo de Débora nos enseña que Dios ya ha hecho todo por nosotros, y es nuestra responsabilidad creer en esa victoria alcanzada en la cruz del Calvario. Sin fe en la obra redentora de Jesús, solo estaremos levantándonos de la opresión del maligno. Si Dios va delante, ya somos vencedores. Quien tiene visión puede ayudar a otros a ver más allá de su realidad, como Débora hizo con Barac, abriendo sus ojos para que reconociera al Todopoderoso peleando su batalla. Cuando estás ungida, puedes actuar en el momento preciso, inspirando a quienes se sienten acobardados a lanzarse a la guerra y ganar con tu estrategia. ¡Confía y avanza!

Debemos vencer el miedo

Este limita nuestra percepción, haciéndonos ver obstáculos donde no los hay y impidiendo que experimentemos la gloria de Dios. El primer obstáculo que Dios quiere vencer en nosotros es el temor, ya que abre la puerta a la incredulidad, bloqueando la acción de la fe. ¡Confía en que Dios va delante y avanza con valentía!

El significado simbólico de cada personaje:

Cada uno de estos personajes tiene un papel crucial en el plan divino, mostrando cómo la iglesia y sus miembros están llamados a actuar con fe y valentía en la lucha contra el mal. Todos representan tiempos proféticos y cumplimiento:
1. **Débora:** Simboliza la iglesia, que desde el pueblo de Israel en el Antiguo Testamento se extiende a los apóstoles. Representa la guía espiritual y la fortaleza en momentos de crisis, levantándose con valentía para esparcir la verdad en

el mundo. Su verdadera sabiduría libera al hombre de la ignorancia.
2. **Jael (Jueces 4:18-22):** Representa a la iglesia gentil, que, con sabiduría y fe, enfrenta al enemigo y libera a la humanidad del engaño. Utiliza la Biblia como estaca para eliminar el engaño de la mente de los hombres, asegurando así la victoria de la verdad sobre la falsedad.
3. **Barac:** Representa la parte espiritual descuidada que necesita levantarse. Es un símbolo del miedo y la falta de fe que permite que el mal prevalezca. Barac reconoce la autoridad de la iglesia y es un remanente que busca la victoria a través de Dios.
4. **Sisara:** Representa al Diablo, quien ha sido vencido por Jesús en la cruz. Su huida ante Jael simboliza cómo, ante el poder de Dios, el enemigo es derrotado y entregado a la iglesia para ser vencido. Esto se manifiesta cuando la iglesia utiliza la Palabra de Dios, simbolizada por la estaca en su sien, cumpliendo así lo que dice Génesis 3:15 sobre la victoria sobre el mal.
5. **Caerá Jabín, rey de Canaán:** Este simboliza la promesa profética que Débora proclamó al declarar que "Dios va adelante". Las fuerzas que han mantenido a los pueblos oprimidos, como la religión y el gobierno, serán superadas para dar paso al verdadero Rey, Jesús, quien reinará eternamente (Apocalipsis 19:19). Al final de los tiempos, la antigua serpiente, Satanás, será derrotada por el poder de Dios, cumpliéndose así la victoria anunciada (Jueces 4:14 y Apocalipsis 20:10). Esta promesa nos recuerda que la autoridad de Dios prevalece sobre toda opresión y que la redención está asegurada en Su plan divino.
6. **Barac y los 10 mil hombres:** Representan el reino de los cielos, donde el número diez simboliza plenitud y orden divino. Al dividirse en dos, reflejan la unidad entre el Israel espiritual y la iglesia de Cristo, que un día se unirán para

declarar la derrota del enemigo. Los primeros cinco hombres simbolizan los cinco sentidos del cuerpo (la nación israelita), que aún espera al Mesías, mientras que los otros cinco representan a la iglesia que ha creído en la promesa y se mantiene fiel. La iglesia, dotada de cinco sentidos espirituales, se levanta junto al Cordero para enfrentar al enemigo que ha dominado la tierra. Así, la iglesia (Débora o Israel), que espera al Mesías, y la iglesia en anticipación del rapto se unirán para celebrar eternamente (Mateo 25:1 y Apocalipsis 21).
7. **Jehová:** Quien representa la soberanía y el poder divino que derrotará a sus enemigos y traerá en ellos confusión. Quien tiene la última palabra en la victoria sobre el mal. Él va delante de su pueblo en la batalla.

La iglesia hace la diferencia

Hoy, los demonios y el mal oprimen a la humanidad, pero la iglesia posee la autoridad de Dios. Su misión es revelar Su amor y motivar a otros a reconocer Su obra. La iglesia debe encender la fe en quienes están cegados, ayudándoles a retomar su vida espiritual para enfrentar lo que les roba su valor. Debemos luchar en el nombre de Jesús, recordando que Él ya ganó la batalla. El cambio comienza con nuestra decisión de levantarnos y guiar al mundo hacia la verdad. Dios nos ha equipado con armas de guerra; ahora es nuestro deber usarlas. Es hora de motivar a quienes están acobardados a salir y enfrentar los poderes del mal que dominan el mundo.

El Canto de Débora y Barac (Jueces 5)

En los días de Jael, los caminos estaban abandonados, y quienes transitaban se apartaban por senderos torcidos. Las aldeas de Israel estaban desoladas y en decadencia, hasta que yo, Débora, me levanté, como madre en Israel. Este canto celebra la valentía y el liderazgo de Débora y Barac, destacando la necesidad de restaurar el orden y la justicia en tiempos de crisis. A través de su acción, se restablece la fe y la unidad en el pueblo, recordando que incluso en momentos oscuros, siempre hay esperanza de redención y victoria.

El Canto de Victoria de la Iglesia
Jael simboliza la Iglesia de Cristo que se levanta en tiempos de descuido espiritual, donde hay poco interés en cuidar la salvación. A pesar de esto, la Iglesia canta un canto de victoria, reconociendo que lo que está por venir es una gloria mayor que la anterior. Este canto, que los redimidos entonarán, es un reflejo del triunfo definitivo que experimentará la iglesia tras la segunda venida de Jesús. Al igual que Débora y Barac, quienes celebraron su victoria después de la batalla, la Iglesia anticipa con esperanza el momento en que el Señor completará la batalla final, llenando sus corazones de gozo y gratitud.

Explorando el Canto de Victoria y su Relevancia Actual
El canto de victoria que entonaron Débora y Barac, así como el que se menciona en Apocalipsis 5:9-10 y 15:3, resuena profundamente en la vida de la Iglesia actual. Estas escrituras destacan la grandeza de las obras de Dios y su justicia, recordándonos que, aunque enfrentemos dificultades, su poder es inmenso y sus caminos son verdaderos.

Significado del Canto:
1. **Adoración y Reconocimiento:** El canto es una expresión de adoración, reconociendo a Dios como el Todopoderoso que actúa en favor de su pueblo.
2. **Esperanza y Triunfo:** Refleja la esperanza en la victoria final sobre el mal. La Iglesia canta en anticipación de la redención y la justicia que vendrán con la segunda venida de Cristo.

3. **Unidad del Pueblo de Dios:** Así como Débora y Barac se unieron en la alabanza tras la victoria, el canto simboliza la unidad de los redimidos en adorar al Rey.

Relevancia Actual:
Al entonar este canto de victoria, la Iglesia no solo mira hacia el pasado, sino que también se proyecta hacia el futuro, esperando el cumplimiento de las promesas divinas. Es un recordatorio de que, al igual que en los días de Débora, Dios sigue levantando a su pueblo para que cante y declare su gloria. Esta es su declaración:
1. **Motivación para la Iglesia:** En tiempos de crisis y desánimo, este canto inspira a la Iglesia a levantarse y recordar su propósito, empoderándola para enfrentar los desafíos del presente.
2. **Confianza en Dios:** La proclamación de las obras de Dios nos anima a confiar en su fidelidad y a ser testigos de su gracia en nuestras vidas.
3. **Llamado a la Acción:** El canto nos impulsa a actuar, a ser instrumentos de Dios en el mundo, proclamando su amor y verdad.

El Canto de la Iglesia de Cristo:
Este pasaje destaca el poder transformador del canto en la vida del creyente. Un "cántico nuevo" simboliza una renovación espiritual y una respuesta a las maravillas de Dios. La alabanza no solo glorifica a Dios, sino que también sirve como testimonio para otros, instándolos a confiar en Él.
- ***Salmos 40:3 y 98:1:*** *"Él puso en mi boca un cántico nuevo, un canto de alabanza a nuestro Dios; muchos verán esto, y temerán, y confiarán en el SEÑOR."*

El Canto de los 144,000

Este pasaje revela una visión de la nueva Jerusalén celestial y la victoria de los redimidos. Los 144,000 simbolizan un grupo especial que ha sido sellado y protegido por Dios. Su canto es único, lleno de alabanza y gratitud por la salvación y la redención.

- **(Apocalipsis 14)**"*: Después miré, y he aquí el Cordero estaba en pie sobre el monte de Sion, y con Él ciento cuarenta y cuatro mil, que tenían el nombre de Él y el de su Padre escrito en la frente.*"

Relevancia Actual

Estos cánticos, antiguos y nuevos, son un recordatorio de la vitalidad de nuestra adoración y la certeza de nuestra salvación en Cristo. Estos canticos nos dan certeza del triunfo sobre el mal:

1. **Canto como Testimonio:** Tanto el cántico nuevo como el de los 144,000 enfatizan el papel del canto como un testimonio de la obra de Dios. La alabanza puede impactar y motivar a otros a buscar la fe.
2. **Renovación Espiritual:** Estos cánticos representan momentos de renovación y celebración en la vida del creyente, recordándonos la fidelidad de Dios y su promesa de salvación.
3. **Esperanza Futura:** La visión del Cordero y los 144,000 en el monte de Sion nos da una esperanza poderosa sobre el futuro, anticipando el momento en que estaremos en la presencia de Dios, unidos en alabanza.

El canto final de los redimidos:

Este canto final de los redimidos se entonará en la Jerusalén Celestial, donde todos, incluyendo la iglesia de Cristo y las 12 tribus de Israel, se reunirán en el Monte Santo. Los 144,000 israelitas que no se contaminaron con mujeres representan, en un sentido espiritual, al pueblo de Dios que se mantuvo fiel y no sucumbió a las falsas religiones de la tierra, esperando la promesa del Mesías. Aquí, la mujer simboliza la humanidad y el hombre la parte espiritual; por lo tanto, la referencia a hombres y mujeres alude a la iglesia en sus dimensiones física y espiritual.

En Apocalipsis 12, la mujer que escapa al desierto representa a Israel y a los creyentes de cada tribu que han recibido la revelación del Cordero, enfrentando la persecución del anticristo y de la gran ramera (la religión falsa).

Es importante entender que los 144,000 no son el único grupo de salvados. Esta cifra no limita la salvación, sino que simboliza un remanente fiel. Esto reafirma la universalidad de la fe en Cristo, que no se restringe a un número específico, lo que enriquecería nuestra convicción en Su obra redentora (ver Apocalipsis 14:1, 3 y Miqueas 4:1-5).

Juan escribió: "Y oí el numero de los que fueron sellados. Ciento Cuarenta y cuatro mil de todas las tribus de los hijos de Israel fueron sellados" (Apocalipsis 7:4). Si lee desde el principio verás lo dice: *"No hagáis daño a la tierra, ni al mar, ni a los arboles, hasta que hayamos sellados en sus frentes los siervos de Dios. Aquí se está* refiriendo a los Israelitas que creerán durante la gran tribulación.

Como dije antes: No podemos interpretar los números en la Biblia de la misma manera como lo interpretamos humanamente, porque el significado es distinto. El 12 significa los doce tipos de humanidad que agrupada en cada mes del año. En el Viejo Testamento de la Biblia encontramos <u>las 12 tribus de Israel</u> que representa la nación completa de Israel, y en el nuevo Testamento encontramos a los 12 discípulos de Cristo donde nació la Iglesia. Estas dos sumas representan a los 24 ancianos del futuro, mencionados en Apocalipsis 4:4.

Sobre los 144 mil

Para entender la cifra de los 144,000 en Apocalipsis, es fundamental mirar la historia de Israel. Jacob, tras su lucha con el ángel de Jehová, recibió el nombre de Israel (Génesis 32:22-

30). Antes de morir, ungió a su hijo Judá como líder de la familia, ya que los hijos mayores habían pecado.

Cuando José, el hijo perdido, apareció con sus dos hijos, Manasés y Efraín, Jacob, en un acto de gratitud, intentó bendecir al mayor, pero la bendición recayó accidentalmente sobre Efraín, el menor (Génesis 48:1-22; Hebreos 11:21). Con el tiempo, estas familias se convirtieron en una gran nación, pero bajo el reinado de Roboam, hijo de Salomón, la nación se dividió. Roboam mantuvo el liderazgo sobre dos tribus, mientras que diez tribus siguieron a Jeroboam, un descendiente de Efraín (1 Reyes 11:31-33; 14:21-31).

La tribu de Efraín también participó en la batalla contra Sísara (Jueces 5:14), destacando su papel en la historia de Israel. Esta rica herencia y las divisiones tribales forman el contexto para comprender el significado del número 144,000 en la revelación final de Dios. Si notas, hay una división del pueblo de Israel física y espiritualmente y ambos pueblos fueron invadidos por el enemigo y sometido a opresión por el enemigo. Israel desapareció como nación por el Pecado de Jeroboam y fueron esparcidos por todo el mundo y Judá retomó la ciudad de Jerusalén después del exilio. Hay un remanente de Israelitas Judíos que permanecen esperando el gran rey, mientras que los demás Israelitas esperan volver a ser nuevamente una gran nación.

Los judíos han esperado fielmente al Mesías prometido, y aunque Él ya vino, muchos no lo reconocieron. Sin embargo, hubo un remanente que sí lo hizo, y gracias a ellos, el evangelio se ha esparcido por toda la tierra. Un ejemplo claro es el apóstol Pedro, quien, como la primera piedra de la iglesia, predicó con valentía en el día de Pentecostés, resultando en miles de conversiones (Juan 1:44; Hechos 2:14-47).

La unción se extendió a través del apóstol Pablo

Quien sembró la semilla de la fe en diversas comunidades, contribuyendo a la difusión del evangelio. Esto demuestra que la promesa de Dios sigue activa tanto para Israel como para los gentiles en Su plan de salvación. La primera cosecha incluye a israelitas de todas las tribus, que serán parte del rapto de la iglesia. La segunda cosecha corresponde al pueblo de Israel, desde Judá hasta Efraín, que será salvado de los estragos de la gran tribulación. Estos son aquellos que no se sellaron con el sello de la bestia ni se contaminaron con falsas religiones. Hay una promesa de salvación para las doce tribus de Israel, que fueron las primicias en recibir la Palabra de Dios y que esperan pacientemente al Mesías.

Esto se asemeja a lo que ocurrió durante el diluvio, cuando el Arca de Noé cerró sus puertas. Jesús descendió al Hades para rescatar a aquellos que creyeron mientras morían ahogados e invocaban el nombre de Dios en los tiempos de Noé (1 Pedro 3:19-20).

El rapto de la iglesia como cuando el arca cerro su puerta

El Arca se cerrará cuando Jesús venga a levantar a Su Iglesia. El pueblo de Israel que no creyó enfrentará los embates de la gran tribulación, similar a un nuevo diluvio. A pesar de ser hijos de Dios, aquellos que rechazan la promesa serán cubiertos por las tinieblas que caerán sobre el mundo. Sin embargo, para los que aún esperan al Mesías, hay una promesa de rescate. Jesús se revelará a ellos, y durante la gran tribulación, entenderán que el Mesías (el Arca de salvación) vino y no lo recibieron, pero tendrán una nueva oportunidad. La unción de la nueva vida en Cristo se extenderá hasta ellos.

En síntesis

Los ciento cuarenta y cuatro mil representan una multiplicación simbólica de 12 x 12, que da 144, y los tres ceros (000) simbolizan la tierra dividida en tres partes: niño, mujer y hombre. En este contexto, el "0" también se asocia con el símbolo de la tierra en la química.

Cuando Dios llama a las doce tribus o discípulos, está agrupando a todas las razas del mundo en los doce meses del año. Al mencionar "12,000 de cada tribu", se refiere a que la salvación está disponible para todos los que nacen a lo largo de esos meses. Es importante destacar que, en un sentido espiritual, los números tienen significados diferentes a los de la vida cotidiana.

Así, los primeros israelitas creyentes en Cristo de cada tribu, representados en el número 12 (los doce meses del año), serán salvos en el rapto de la iglesia. La segunda cosecha incluirá a los últimos de cada tribu de Israel que serán rescatados de las manos del opresor.

Dice: "12 mil de cada tribu". Se está refiriendo a la misma cantidad de salvos sin acepción de persona. 12 = a los que nacen dentro de los doce meses del año y 000 = niño, mujer y hombre. Ahora bien, cuando se refiere a los 144,000, aquí está agrupando a todos los que serán salvos, tantos los judíos que se quedaron en Jerusalén y levantaron sus ruinas y la reconstruyeron, como aquellos Israelitas que fueron esparcidos por el mundo, incluyendo entre ellos, a la iglesia de Jesucristo nacida de la misma línea judía. Todos seremos reunidos en un mismo lugar, la nueva Jerusalén Celeste, ahora con un nuevo rey, "el Rey de reyes y Señor de señores" (Mat. 21; Apocalipsis 7:9-10 y 21).

Es importante destacar que la salvación no se limita

Como muchos piensan que es solo para los 144,000; la salvación está destinada a una gran multitud, como se le prometió a Abraham: "Como las estrellas será tu descendencia" (Génesis 15:5).

Como iglesia, somos parte de Israel, ya que nuestra historia comienza con los apóstoles, discípulos de Jesucristo. Al convertirnos al cristianismo, nos unimos a la promesa hecha a Abraham. Somos el Israel espiritual, nacidos de la nueva vida que Jesús nos ofrece, y aunque estamos esparcidos por el mundo, un día nos reuniremos en el tercer cielo.

Celebrando las bodas del Cordero, estaremos con nuestro líder, el Rey de los Judíos, el Nazareno. Él entrará triunfante en la nueva Jerusalén, aclamado por una multitud que grita: *"¡Hosanna al Hijo de David!" (Mateo 21:9). En ese momento, yo también levantaré mi palma y gritaré con gozo: "¡Bendito sea mi Rey y Señor! ¡Aleluya!"*

Nota

Esta es mi más humilde interpretación; no es una religión, ni te insto a creer en esta declaración. Más bien, te invito a hacer tus propias investigaciones y a pedirle al Espíritu Santo que te dirija y te revele la verdad de lo que lees. Recuerda que la obra del mal busca confundir al hombre y alejarlo de la verdad. Te respeto si lo interpretas de otra manera. Sin embargo, estas interpretaciones no afectan tu salvación, que depende de la relación íntima que tienes con Dios, revelada a través de los frutos del Espíritu Santo. No importa cuán teólogo seas; lo que realmente importa es tu cercanía con Dios y que tu nombre esté escrito en el Libro de la Vida. Grisel J. Pitre

¡Este gran Señor y Rey es mi padre, mi Salvador! ¡Aleluya...!
Cantaré a mi Señor, porque el triunfó con gloria, al caballo y al jinete echo en el mar. Éxodo 15:21 (RVR1960)

Seis
LA UNCIÓN HACE LA DIFERIENCIA

Como mencioné antes, la unción del Espíritu Santo no es una varita mágica que se activa de repente, ni un impulso que nos hace saltar, hablar en lenguas o reprender demonios. La unción va más allá de lo que podemos ver; se trata del poder de Dios manifestado a través del don de la vida. El soplo de vida es la porción de la vida de Dios que, al compartirla con el ser humano, lo convierte en un ser viviente. Sin embargo, esta primera vida fue afectada por el pecado, lo que trajo la sentencia de muerte física y eterna. Por eso, Dios creó un plan de rescate y salvación.

La Doble Porción de Vida

Jesús representa la segunda porción de vida revelada en la cruz, al ofrecer su vida para que nosotros podamos vivir eternamente. La Unción de Vida ha existido desde antes de que la tierra fuera reorganizada (Génesis 1), ya que el Espíritu de Dios se movía sobre la faz de la tierra para mantener la vida vegetal y orgánica. Una pequeña porción de esa vida entró en el cuerpo del ser humano, permitiéndole vivir y conectarse con la creación. Sin esa unción, no es posible caminar ni ejecutar ninguna función, porque solo Dios puede dar vida, tomarla y volver a darla o resucitar.

La Doble Porción de Vida

La unción se manifiesta en dos formas, lo que se conoce como la "Doble Porción":
1. **La primera porción fue impartida en el huerto de Edén:** cuando Adán recibió el soplo de vida y se convirtió en un ser viviente. La primera porción de vida fue afectada por el pecado, lo que permitió la entrada de la muerte. En

47

respuesta, Dios creó un plan para rescatar al hombre de la muerte eterna y ofrecerle una segunda oportunidad. Para esto, necesitaba un cuerpo limpio, sin contaminación por el pecado. Históricamente, los pactos se sellaban con sangre, y en este caso no fue la excepción; el derramamiento de sangre y la muerte natural fueron el precio a pagar.

2. **La segunda o La Doble Porción de Vida:** La segunda porción de vida la recibimos al aceptar la vida, muerte y resurrección de Cristo. Como todos los humanos estaban contaminados por el pecado, nadie podía realizar el sacrificio necesario. Por eso, Dios preparó un linaje puro para manifestar Su vida a la humanidad. Este sacrificio debía ocurrir en la naturaleza humana. Al no encontrar a nadie digno, Dios se ofreció como garantía, tomando forma humana y descendiendo hasta el estado de un embrión. Entró en el útero de María, donde se sembró como una semilla y creció como cualquier otro ser humano, mostrando así Sus frutos al mundo.

La segunda unción o Doble Porción es una promesa

La segunda unción, o Doble Porción, es la promesa de vida eterna que se manifestó con la llegada de Jesús, Emmanuel (Dios entre nosotros). Dios prometió derramar Su vida sobre todos, no solo sobre un grupo específico, sino sobre todos los que crean (Joel 2:28-29, RVR1960). Este pacto de vida se cumplió con el derramamiento de Su sangre y la entrega de Su naturaleza humana en la cruz del Calvario. Esta unción se recibió con la manifestación del Espíritu Santo en el aposento alto (Hechos 2:4, NVI). Este poder de vida se recibe por fe y de manera voluntaria. Aunque la primera porción de vida fue gratuita, esta segunda tiene un precio; hay que desear recibirlo y permanecer fiel creyendo hasta el fin, pues lo que se obtiene con esfuerzo suele valorarse más.

Para recibir esta doble porción de vida

Es fundamental mostrar interés y buscar esta salvación sin descanso, ya que es nuestro pasaporte al paraíso y a la vida eterna. Para recibir la *Doble Porción de vida*, debemos tener convicción a través de las Escrituras y cuidarla, pues este don divino restaura la primera vida y nos garantiza el reposo que estaba destinado al ser humano. Aunque mantener la paz y la seguridad en este mundo es difícil debido a la amenaza de la muerte, aquellos que viven por fe y creen en la vida que Jesús nos ofrece disfrutan de un reposo mental y emocional. Así, si deseamos esta *Doble Porción de vida*, debemos creer y mantener esa fe cada día hasta que nuestro tiempo en esta vida llegue a su fin. *(Mateo 6:31; Romanos 14:8-10; Hebreos 11:1).*

Los beneficios de la Doble Porción de Vida

La unción te guarda mientras permanezcas en el temor y sometimiento a la Palabra de Dios. La nueva vida que Cristo nos ofrece brinda descanso y reposo eterno. Al crear al hombre, Dios lo colocó en un lugar seguro, el paraíso; sin embargo, el pecado lo expulsó y desde entonces la humanidad ha luchado sin descanso, enfrentando necesidades diarias. La unción nos ofrece esperanza y la oportunidad de regresar al hogar del que fuimos echados. Para lograrlo, debemos practicar diariamente el reposo que se alcanza mediante la fe y una confianza genuina en la Palabra de Dios y el sacrificio de Cristo en la cruz. Hay una gran recompensa para quienes persisten en la fe y superan sus obstáculos personales. La unción de vida nos elevará al tercer cielo para disfrutar de las Bodas del Cordero y ser galardonados por ser portadores de la unción, transmitiéndola a otros. Nos ofrece vivir un milenio con Cristo en el paraíso y, finalmente, en la nueva Jerusalén, una tierra jamás contaminada por el pecado que descenderá del cielo con las leyes de Dios (1 Tesalonicenses 4:16-17 y Apocalipsis 20 y 21).

Los tres niveles de la unción, según Juan 14:16-17, son:
1. **Cuando el Espíritu Santo está sobre nosotros:** Esta manifestación se refiere a la unción que se siente externamente, donde el poder de Dios se manifiesta a través de acciones y experiencias visibles. En Génesis 1:1-2, el Espíritu de Dios se movía sobre las aguas, simbolizando su cuidado y protección sobre la vida orgánica y vegetal. Mientras las tinieblas cubrían el abismo, Dios mantenía su vigilancia, protegiendo la creación de posibles atentados del enemigo, tal como ocurrió en los tiempos de Génesis. Si no fuera por esta protección divina, la humanidad podría estar en grave peligro, ya que Satanás podría destruirnos en un instante. Dios, en su misericordia, designa ángeles para velar sobre cada aspecto de la creación, especialmente sobre aquellos que le temen, como se menciona en Salmos 34:7-9. Cuando Dios quiere salvar o dar vida, puede usar cualquier instrumento, incluso algo tan simple como una piedra o un siervo dedicado. Una piedra puede representar a un incrédulo, mientras que un siervo es alguien que sirve a Dios con devoción. Aunque podemos sentir el Espíritu Santo sobre nosotros en una iglesia, esto no es lo mismo que tenerlo viviendo dentro de nosotros como compañero del alma. El Hades está lleno de personas que experimentaron la presencia de Dios y respondieron a su llamado, pero sentir a Dios sobre uno no es suficiente para alcanzar el paraíso; la verdadera transformación y salvación requieren una relación íntima y personal con Él.
2. **Cuando el Espíritu Santo está con nosotros:** En este nivel, el Espíritu acompaña nuestra vida, guiándonos y brindándonos apoyo en nuestras decisiones y acciones,

incluso antes de que lo recibamos en nuestro interior. Al aceptar a Jesús como nuestro Salvador, guía y maestro, el Espíritu Santo se convierte en nuestro acompañante durante la vida. A pesar de que los discípulos estaban con Jesús, la Palabra, no estaban llenos del Espíritu Santo hasta que experimentaron ese momento en el aposento alto. Esta relación es comparable a un noviazgo: aunque las parejas pueden estar juntas, no se convierten en una sola carne hasta que se casan. Fue solo después de esperar con entrega y pasión que los discípulos lograron una conexión íntima y transformadora con el Espíritu Santo.

3. **Cuando el Espíritu Santo habita en nosotros:** Alcanzamos el nivel más profundo de relación espiritual, transformando nuestras vidas y dándonos poder para vivir conforme a la voluntad de Dios. Esta conexión íntima se asemeja al matrimonio, donde dos se convierten en una sola carne (Marcos 10:8). Nuestro cuerpo funciona como una casa con diferentes habitaciones, siendo la cabeza la principal, donde se procesan pensamientos y se sienten emociones. Al descender en el aposento alto (Hechos 2:2), el Espíritu Santo establece Su morada en nosotros, buscando apoderarse de nuestro intelecto y juicio, reprogramando nuestra memoria y renovando nuestra mente como una computadora nueva.

El propósito del Espíritu Santo

Es preparar el alma del hombre para entrar al tercer cielo en las bodas del Cordero, ya que "carne ni sangre heredará el reino de Dios". Cuando Él gobierna nuestra voluntad, puede usarnos como un canal de vida para nuestra salvación y la de otros. Al abrirle las puertas de nuestros sentidos al Espíritu Santo, Su soplo entra y toma control absoluto de nuestro interior, convirtiéndonos en Su santo templo (Salmos 24; 1 Corintios 3:16). Cuando el Espíritu habita en nosotros, establecemos un matrimonio espiritual con Él, donde somos fieles y justos, y se manifiestan los frutos del Espíritu (Gálatas 5:22). Sin embargo, Satanás, como un viento negativo, también busca entrar en nuestra mente, tal como hizo con Eva, sembrando dudas que obstaculizan la "Doble Porción" de la Vida Eterna. Podemos sentir la presencia de Dios al realizar una misión y experimentar Su toque, pero lo que realmente transforma es tener a Su Espíritu dentro de nosotros. Aunque podamos sentir Su cercanía y guía, es mucho más poderoso vivir una relación íntima con el Espíritu Santo, permitiendo que Él transforme nuestro ser y manifieste Sus frutos como testimonio de Su realidad en nuestras vidas.

¿Qué hacer para que el Espíritu more en uno?

Para que el Espíritu more en uno, primero es fundamental aceptar que somos pecadores y reconocer la necesidad de la nueva vida que Jesús nos ofrece a través de Su sacrificio en la cruz. Es necesario entregar nuestra vida humana para recibir la nueva vida espiritual; no se puede vivir según la naturaleza carnal y esperar experimentar el bienestar del Espíritu. Esto implica morir a la carne y sus deseos, ya que mientras un individuo viva una vida carnal, no podrá disfrutar de las cosas del reino de Dios, permaneciendo bajo la sentencia de muerte que el primer soplo de vida recibió (1 Juan 2:15). Debemos desear este don de vida con todo el corazón y perseguirlo como si se tratara de un galardón. Jesús, el árbol de vida, debe ser sembrado en el huerto de nuestro corazón (nuestra mente) para que pueda dar frutos y nutrir a otros (Apocalipsis 2:7).

¿Qué impide la Unción de la nueva vida en uno?

Nuestras necesidades a menudo nos llevan a negar la nueva vida que Dios nos ofrece. Ejemplos como Eva, quien cedió ante la tentación por un fruto, o Esaú, que vendió su primogenitura por un plato de comida, ilustran cómo el hambre y la necesidad pueden nublar nuestro juicio. En el caso de Eva, lo primero que la llevó a la transgresión fue su necesidad, seguida de la propuesta de Satanás para resolver ese problema. El enemigo usó sus sentidos para conquistar su atención: primero, le habló; luego, ella escuchó, vio, olfateó y finalmente tocó el fruto, extendiendo sus manos para tomarlo y ofrecerlo a su pareja. Es importante recordar que nuestro cuerpo es como una casa con puertas y ventanas. Cuando somos niños, estas puertas están desprotegidas, lo que permite al enemigo manipular nuestros sentidos y entrar en nuestra vida, cautivando nuestra alma y debilitando nuestra voluntad. Desde la infancia, nuestros sentidos pueden ser controlados por influencias negativas que buscan apoderarse de nosotros.

Malas costumbres impiden que la unción more en uno

Los principados y géneros negativos entran en nuestra vida a través de enseñanzas que moldean nuestros hábitos y patrones de pensamiento. Cuando una creencia cautiva la mente, se abren las puertas a las potestades que atormentan al ser humano durante toda la semana, con un mal por cada día. Por esta razón, Dios comienza el proceso de restauración ofreciendo el pan de vida, que es Su Palabra, para renovar nuestra mente. Una vez que la persona es restaurada, Dios pone a prueba esa Palabra, llevando al individuo a un lugar desierto donde no puede recurrir a sus propios recursos. En este desierto, también enfrenta al enemigo, quien se presenta como el que busca satisfacer necesidades materiales de manera engañosa, arriesgando así la primogenitura o el primer soplo de vida del ser humano. Dios quiere limpiar nuestro entendimiento y transformar las costumbres que aprendimos desde pequeños para hacer de nuestro cuerpo Su morada. Una vez renovado, el Espíritu Santo toma control total de nosotros. Si nuestros ojos han desarrollado malos hábitos, las Escrituras los iluminan. Igualmente, si hemos hablado mentiras, la Palabra transforma nuestra lengua, liberándola para transmitir vida a otros. No confundamos los momentos en que el Espíritu habla a través de nosotros con una transformación completa; cuando el Espíritu se adueña de una lengua liberada, se convierte en un poderoso instrumento para impactar a quienes nos rodean.

Pasos claves para lograr la Unción:
1. **Ir al desierto para despojarnos del ego:** Siguiendo el ejemplo de Jesús en Mateo 4:1-10, debemos permitir que el Espíritu nos lleve a un lugar de purificación. En el desierto, aprendemos a dominar nuestras emociones y deseos, enfrentando la tentación de querer ser como Dios. Este proceso nos prepara para recibir Su presencia, que es tan infinita que solo podemos contener una pequeña porción.
2. **Con la Palabra:** La Palabra de Dios, que es el pan de vida, transforma nuestras necesidades y sentidos. Para recibir la Unción, es crucial rendir nuestras puertas e invitar al Espíritu Santo a que se adueñe de nuestro ser. Al hacerlo, Él renovará nuestra mente, lo que a su vez transformará nuestros sentimientos y conducta.
3. **Vencer la necesidad material:** Superar las carencias físicas y biológicas que nos alejan de Dios.
4. **Vencer la necesidad emocional:** Abordar el deseo de amor, cuidado y atención, buscando satisfacción en la relación con Dios (1 Juan 4:6).
5. **Vencer la necesidad espiritual:** Renunciar al deseo de grandeza y poder. Como Satanás y Eva, muchas personas buscan ser su propio gobierno, olvidando al Creador y la temporalidad de la vida.

La unción siempre ha sido revelada al mundo

Así como Eliseo entendió que para recibir la "Doble Porción de vida" debía seguir fielmente al profeta sin distracciones, la iglesia también está llamada a seguir a Cristo con perseverancia. La comunidad de creyentes debe buscar la unción con determinación, sin permitir que nada la desvíe de esta bendición. Eliseo atravesó cuatro niveles de proceso que cada creyente debe experimentar para poder recibir la unción.

Para recibir la unción de vida, se debe pasar por:
1. **Gilgal:** Este es el lugar donde el corazón es circuncidado, aprendiendo a encontrar satisfacción únicamente en el pan y el vino, que representan la Palabra y el sacrificio de Jesús en la cruz.
2. **Betel:** Aquí se tiene un encuentro personal con la presencia de Dios, convirtiéndonos en parte de Su familia. Es el lugar de preparación, donde el creyente se especializa para una gran misión.
3. **Jericó:** En este punto, enfrentamos a nuestro mayor enemigo: el yo y sus impulsos. Debemos derribar la carne y sus deseos, así como las murallas mentales que hemos levantado, para confrontar a Satanás.
4. **El Jordán:** Este es el lugar de transformación, donde el creyente experimenta muerte y resurrección. Al sepultarse con Cristo en el bautismo, se libera de la dominación de la carne y se prepara para la vida eterna. Aquí, el alma se eleva vestida de blanco, lista para las Bodas del Cordero y para recibir los galardones por haber cumplido con la misión de compartir la vida con otros (1 Tesalonicenses 4:16-17).

La Unción es para los 120

El profeta Elías advirtió a Eliseo que debía estar atento y sin distracciones para recibir la unción. De igual manera, Jesús instruyó a la iglesia a seguir el camino de la salvación con determinación (Lucas 10:17). Las instrucciones de Jesús fueron claras: "Vayan al aposento alto y esperen allí" (Mateo 28:16). Esto significaba preparar la mente para recibir a Jesús a través de la fe en Su Palabra. Cuando la unción del Espíritu Santo se establece en la mente, transforma los pensamientos y, a su vez, el fruto del Espíritu cambia las emociones y la conducta, revelando a Jesús, el Árbol de vida. La presencia del Espíritu Santo descendiendo en el aposento alto, donde estaban 120 personas, no fue casualidad. Esto cumplió con las profecías de Joel 2:28, demostrando que el derramamiento del Espíritu no tiene acepción de personas, sino que es para toda carne. Dios reunió a todas las razas humanas en esta ocasión, reflejando la diversidad de Su creación a lo largo de los doce meses del año.

La interpretación numerológica de los 120

Los números en la Biblia tienen significados profundos que van más allá de su valor numérico. Consideremos algunos ejemplos:

1. ***12*:** Representa a todos los nacidos dentro de los 12 meses del año, simbolizando la plenitud del tiempo.
2. ***0*:** Representa al globo terráqueo; la tierra es redonda, lo que se asocia con la totalidad y la eternidad.
3. ***10*:** Simboliza al ser humano, con 5 sentidos externos y 5 internos (Mateo 25:1), representando la experiencia humana completa.
4. ***12 x 10 = 120*:** Esta multiplicación revela que la unción del Espíritu Santo está destinada a todos los seres humanos, reflejando la inclusión y la totalidad de la creación en el plan divino.

El Poder del Número Diez

En Mateo 25:1-13, el número diez simboliza el reino de los cielos y aquellos que entrarán en él. El "1" representa a Dios, mientras que el "0" simboliza a la humanidad. Así, "10" refleja la transformación de la humanidad, que pasa de ser un "cero" sin valor a tener gran significado al unirse al único Dios que da vida. El número diez se divide en dos grupos de cinco: las cinco vírgenes insensatas y las cinco prudentes. Las vírgenes representan a la humanidad. Las insensatas son aquellas que se enfocan en sus necesidades materiales y en el afán diario (1 Juan 2:15), mientras que las prudentes simbolizan a la iglesia que será raptada (1 Tesalonicense 4:16). Esta iglesia se mantiene alerta y enfocada, al igual que Eliseo, para recibir la Doble Porción de Vida y dar frutos en servicio al Espíritu Santo.

Someter los cinco sentidos para que sean ungidos

Para recibir la unción del Espíritu Santo, es esencial someter nuestros cinco sentidos a la Palabra de Dios y permitir que el Rey de la gloria entre por nuestras puertas físicas (los sentidos naturales) y eternas (los sentidos espirituales que deben ser desarrollados. Ver Salmos 24. Así como poseemos cinco sentidos externos, también contamos con cinco sentidos internos que nos conectan con el mundo espiritual (Mateo 13:9-15). Cuando el Rey de Reyes entra a través de los sentidos externos, Él gobierna los sentidos espirituales y establece los mandatos de Su reino en nosotros, convirtiéndonos así en Su propiedad.

La limitación nos incapacita, por lo que, para ser capacitados, necesitamos un guía experto. Y, ¿qué mejor guía que el Espíritu Santo? Su dirección nos permite superar barreras y alcanzar nuestro potencial pleno. Por Grisel J. Pitre

Siete
LA UNCIÓN DE LA IGLESIA DE CRISTO
Hechos 1:8-11 (RVR1960)

Es nuestra misión, como pueblo de Cristo, levantarnos con valentía y comprender el verdadero significado de la unción, reconociendo que se trata de un asunto de vida o muerte. No podemos permitirnos estar dormidos como las cinco vírgenes que descuidaron su vida espiritual por las distracciones de este mundo. Como iglesia, debemos manifestar los frutos del Espíritu a los perdidos y a los ignorantes, para que puedan alcanzar salvación y vida eterna.

La unción de la iglesia se manifiesta de varias maneras:

- **Con el sometimiento:** Reconocemos que el conocimiento de Dios es superior y que todo bienestar proviene de Él. Sin su verdad, vivimos en ceguera mental.
- **Propagar la verdad:** La iglesia tiene la responsabilidad de ayudar a las personas a ver su valor independiente y dirigirlas hacia la nueva vida en Cristo. Despertar el entendimiento es esencial para que puedan alcanzar la vida eterna que se recibe por fe, iluminando así sus mentes y liberándolas de la ceguera.
- **Con la unción de la humildad:** La iglesia debe manifestar sanidad emocional en sus tratos, mostrando que la humildad es un acto de servicio hacia los demás. Un buen ejemplo es Débora, quien, a pesar de su llamado, respetó la autoridad de Barac y no se enorgulleció de su posición. La iglesia debe estimular a los gobiernos y a la sociedad a buscar a Dios y combatir el mal, usando la humildad como su arma más poderosa.

- **Con la unción del sometimiento:** Débora también demostró respeto hacia Barac, quien era el jefe. Los creyentes ungidos deben reconocer y respetar la posición de los demás. El sometimiento no se interpreta como una excusa para discriminar, ya que ante Dios todos somos iguales. La unción nos enseña a dar a cada uno su lugar, sometiéndonos a las autoridades y a los unos a los otros, como parte de un cuerpo donde cada uno tiene su función (1 Pedro 2:18; Romanos 13:1; Efesios 5:21; Santiago 4:7).
- **Con la unción de sanidad:** La unción de sanidad se manifiesta en la atención a las enfermedades físicas y emocionales. Mientras que las dolencias físicas suelen ser más fáciles de tratar gracias a los recursos médicos, la salud emocional a menudo se oculta debido a tabúes y vergüenza. Desde el vientre materno, el desarrollo emocional abarca etapas clave que pueden verse afectadas por influencias negativas, lo que puede llevar a problemas de conducta. Por lo tanto, la unción de la iglesia es fundamental para sanar las heridas del alma y permitir que las personas reciban una nueva vida en Cristo, ya que un alma sana es esencial para cumplir con la misión del Espíritu Santo.
- **Con la unción de la restauración:** La unción de la restauración nos ofrece a todos la oportunidad de levantarnos y desarrollar habilidades para el reino de Dios. Entre los 7 y 11 años, los niños atraviesan la etapa de "laboriosidad vs. inferioridad", donde el orden divino establece que el hombre, como primer ser creado, tiene la responsabilidad de educar. Sin embargo, por el pecado, se rompió la intimidad entre el hombre y Dios. La mujer, siendo emocional y maternal, buscó conexión con la serpiente, lo que Satanás aprovechó para despojarla de su posición. Al ver esto, Dios restauró tanto al hombre como a la mujer, dándole a esta última el título de madre y

maestra, reconociendo su sabiduría y capacidad de enseñar desde el vientre. Así, la mujer simboliza a la humanidad, y a través de Su Palabra, Dios la restaura y empodera en su papel fundamental.

- **Con la unción de la igualdad:** La unción de la igualdad nos enseña que en Dios no existen distinciones entre libres y esclavos, hombres y mujeres; todos somos iguales. Este principio nos recuerda que nadie es superior en lo externo, emocional o espiritual. Una iglesia verdaderamente ungida no puede afirmar que un hombre sea mejor que una mujer, ni que un líder tenga más valor que un miembro. Todos, independientemente de su origen o estatus, compartimos la misma experiencia de nacer, crecer y morir (Job 33:6; Gálatas 3:27-29). La verdadera unción no se asocia con la superioridad ni con la exigencia de respeto basado en rangos o títulos. En cambio, todos estamos en la misma carrera hacia la vida eterna y somos consiervos unos de otros, lo que nos llama a tratar a nuestros prójimos con igualdad, creando un ambiente de sanidad y servicio mutuo.
- **La Unción de Liberación:** Aborda las ataduras más profundas que pueden afectar a un individuo, como la incredulidad, la vergüenza, la culpa y la inferioridad. La incredulidad aleja a la persona de la fe, mientras que la culpa puede resultar en rebeldía. Por otro lado, la inferioridad puede llevar al orgullo y a la búsqueda de grandeza y poder. Es responsabilidad de la iglesia sanar a las personas de estos males del alma, ya que, sin esta sanidad, la Unción de Cristo no puede manifestarse plenamente en el corazón.
- **Con la verdadera santidad:** Hebreos 12:14-16 nos revela que la verdadera santidad comienza con la paz. Existen dos tipos de paz: la del mundo, que depende del estado de ánimo y la conveniencia, y la paz de Cristo, que es un estado de fe en Su Palabra. Esta paz se manifiesta en medio

de las tormentas y pruebas, donde el creyente confía en las Escrituras sin dudar. La santidad no puede existir sin fe, ya que es la fe la que nos revela a Dios. La verdadera comunión e intimidad con Él requieren creer en Su Palabra. Sin embargo, tanto la fe como la comunión pueden ser obstaculizadas por el rencor y la fornicación. El dolor y el resentimiento pueden surgir de los conflictos diarios, y debemos cuidarnos de no contaminarnos con las ofertas del maligno. Como iglesia, somos la novia de Cristo, y cualquier contaminación con el mundo es una forma de deslealtad hacia Él. La fornicación es equivalente a la idolatría; apegarnos a lo material nos aleja de Dios. Logramos paz y santidad al aprender a perdonar y sanar nuestras mentes de la inmoralidad, evitando así tomar el nombre de Dios en vano (1 Juan 2:15).

- **La Unción de la Victoria:** Se revela en Mateo 11:29, donde aprendemos que la verdadera felicidad proviene del descanso interno en la Palabra de Dios. Jesús enseñó a sus discípulos que, para vencer, es necesario negarse a sí mismos y someterse al yugo del Señor, lo cual implica una disciplina diaria orientada hacia la vida eterna. Sin embargo, para someternos a Dios, debemos superar dos obstáculos fundamentales del alma: la rebeldía y la falta de humildad. Estos males impiden la obra del Espíritu Santo en nuestras vidas y nos alejan de la victoria que se encuentra en una relación plena con Cristo.

- **La Unción del Descanso del Alma:** Para que el alma encuentre reposo, es fundamental abordar dos males que la oprimen: la rebeldía y la culpa. Estos problemas suelen originarse en la infancia, especialmente entre los 3 y 6 años, cuando un niño puede sentir que es responsable de los problemas del hogar, lo que genera un sentimiento de culpabilidad. Este niño, al crecer, puede desarrollar una vida a la defensiva, llena de resentimiento y enojo, buscando siempre un culpable por sus desgracias y actuando de manera manipuladora. A partir de los 7 a 11 años, el niño también aprende sobre la laboriosidad y la inferioridad. Si se le enseña que ser inferior es negativo, puede crecer anhelando grandeza para validar su valor. Jesús nos invita a aprender de su mansedumbre y humildad para encontrar descanso en nuestras almas. La iglesia tiene el deber de guiar a las personas hacia este verdadero descanso, fomentando el perdón y la humildad. Cuando alguien reemplaza la rebeldía por el perdón y la inferioridad por la humildad de Cristo, logra vencer sus batallas internas y encuentra reposo.

- **La unción de unidad:** Se refleja en el relato de Débora y Jael, donde, aunque Débora representa al pueblo de Israel, fue Jael quien ejecutó la acción decisiva al clavar la estaca en la frente del enemigo (Jueces 4:17-21). Esta historia ilustra que, aunque la victoria fue prometida al pueblo de Israel, es la iglesia de Cristo la que toma la iniciativa de enfrentar al enemigo con la Palabra de Dios. Sin embargo, es Dios quien concede la victoria final. Por ello, la iglesia tiene la responsabilidad de enseñar al mundo la importancia del trabajo en unidad, destacando que cada miembro tiene un papel crucial en la obra de Dios.
- **La Unción que se Revela por Gracia:** La gracia de Dios se manifiesta cuando nos humillamos ante su presencia y reconocemos nuestra verdadera condición. Al comprender que todos hemos sido llamados a diferentes misiones dentro de un mismo cuerpo, como los órganos que trabajan en mutuo acuerdo (Romanos 12:2-4), la iglesia revela la gracia de Cristo. Esta gracia nos enseña a esperar el momento adecuado que Dios nos indica para desempeñar nuestra función con pasión y dedicación. Nos recuerda que hay un tiempo para cada cosa y que nadie es

superior a otro, permitiéndonos mantener los pies en la tierra y respetar el papel de los demás en la obra del reino.

- **La Unción revela la verdad:** Cuando la unción se manifiesta, revela todo lo oculto, incluyendo el engaño de la mente y los mecanismos de defensa que protegen nuestra psique, dejándonos al descubierto. Dondequiera que estemos, lo oculto sale a la luz; la unción destapa lo que es engañoso, expone a los demonios que se esconden y saca el mal a la luz. Trae claridad, permitiendo que lo que está en tinieblas se vea tal como es, revelando la verdadera naturaleza de quienes aparentan ser buenas personas. Además, la unción desvela las verdades profundas de las Escrituras. Como dice *Juan 16:13-15:* "*Pero cuando venga el Espíritu de verdad, él os guiará a toda la verdad...*". *Así, el Espíritu nos hace conocer lo que está por venir y nos glorifica, revelando todo lo que es de Cristo.*

La batalla final

Como mencioné antes, no fue ni Débora, ni Jael, ni Barac quien ganó la batalla, sino Dios, quien envió una gran lluvia para detener los 900 carros del ejército enemigo (Jueces 5:21). Esto simboliza la batalla final contra el enemigo durante la gran tribulación. Esta guerra comenzó hace muchos años con la caída de Satanás y se extendió hasta el tiempo de Débora, representando a la nación de Israel en esta historia. También abarca a Jael, que simboliza a la iglesia de Cristo, la cual ha vencido al enemigo al enterrar en su mente la Palabra de Dios. Sin embargo, la victoria final pertenece al Señor Jesucristo, quien vendrá a derrotar a sus enemigos: el Anticristo (el gobierno), el falso profeta (la religión), la serpiente antigua (el diablo), la muerte y el Hades, así como a todos aquellos que no se sometieron a Dios.

La Unción se revela:
1. **Con el espíritu de valentía:** *No hay que temerle al enemigo.*
2. **Cuando no se ignora la opresión del mal:** *Dios nos puso en el mundo para defender al desvalido y enfrentar la falta de equidad con justicia.*
3. **Cuando ejercemos el llamado:** *No importa dónde estemos, con uno o cientos, debemos cumplir nuestra misión.*
4. **Cuando el juicio se le abre al hombre:** *La persona cambia su conducta.*
5. **Cuando no se busca su propio beneficio:** *Muestra amor, cuidado y compasión por los demás.*
6. **Cuando sentimos seguridad:** *La fuerza no está en los ejércitos ni en la fama, sino en el poder de Dios. Esto nos enseña a confiar en Su Palabra para estar firmes (Lucas 9:1; Mateo 10:1).*
7. **Echa fuera el temor:** *El temor es normal, pero la ansiedad y la inseguridad nos alejan del Todopoderoso, convirtiéndonos en nuestros propios dioses al buscar métodos de seguridad personal. La unción derrumba toda confianza en lo mundano.*
8. **Imparte estímulo a otros:** *La unción estimula al caído y levanta al débil; por ejemplo, Débora animó a Barac a seguir adelante.*
9. **La unción activa el deber:** *Revela la misión y la responsabilidad de cada uno.*
10. **La unción busca justicia:** *Una persona ungida declara justicia y verdad, aborreciendo el engaño y la falsedad.*
11. **Te hace actuar con altura y madurez:** *Débora se comporta como una mujer de las Alturas (del monte de Efraín), elevando su alma a las alturas de Dios para buscar Su dirección (Habacuc 3:19).*

Las tres armas poderosas de la iglesia bajo la Unción

Así como Débora demostró valentía al enfrentar las amenazas del enemigo, la Iglesia de Cristo muestra su valor al creer en la Palabra de Dios (2 Timoteo 1:7).

1. **Poder:** *La Biblia declara en Filipenses 4:13 (RVR 1960): "Todo lo puede en Cristo que me fortalece". Este poder nos asegura que, a pesar de*

los obstáculos en nuestro camino hacia la vida eterna, Dios va al frente para darnos la victoria.
2. **Amor:** *Sin amor, es imposible agradar a Dios y cumplir Su voluntad. El amor impulsa a una madre a someterse al dolor del parto y, si es necesario, a intercambiar su vida por la de su hijo. En 1 Corintios 13 se describe la virtud del amor, y Juan 13:34-35 reafirma su importancia (1 Juan 3:14; 1 Juan 4:20). El amor nos permite superar fronteras y ver lo imposible como posible.*
3. **Templanza o dominio propio:** *Uno de los mayores problemas del ser humano es la impulsividad. Los impulsos son deseos y pasiones que surgen de necesidades externas e internas, llevando a actuar sin pensar. Mientras el ser humano es niño, es dominado por estos impulsos, pero al madurar, aprende a controlar sus emociones. Renovarse en la Palabra de Dios proporciona un freno mayor. Las Escrituras iluminan nuestro entendimiento (Mateo 4:4), permitiéndonos ver con claridad. La inmadurez, en cambio, lleva a actuar impulsivamente y a cometer atropellos en la búsqueda de objetivos.*

En síntesis

La unción de Débora revela la autoridad de Dios otorgada a la iglesia, fundamentada en su amor y compasión por el mundo (Hechos 1:8-11). Esta unción se manifiesta a través de la Palabra, que destruye los argumentos del maligno y busca que la humanidad reciba la verdad (Isaías 7:14 y Mateo 1:23). Su propósito es iluminar el entendimiento, permitiendo al ser humano madurar y tomar la decisión de salvar su alma y alcanzar la vida eterna, representada como LA DOBLE PORCIÓN.

La unción promete un descanso eterno, transformando todas nuestras tristezas en alegría. Es un aliento de esperanza que nos invita a aferrarnos con todo el corazón a esa dulce expectativa. — Grisel Pitre

Ocho
LA UNCIÓN ES PARA TODOS

Gálatas 3:28 (RVR1960): "No hay judío ni griego; no hay esclavo ni libre; no hay hombre ni mujer; porque todos sois uno en Cristo Jesús".

Joel 2:28 (RVR1960): "Y sucederá que después de esto, derramaré mi Espíritu sobre toda carne; y vuestros hijos e hijas profetizarán; vuestros ancianos soñarán sueños, y vuestros jóvenes verán visiones".

Estos versículos resaltan la igualdad y la inclusividad en la obra de Cristo, así como la promesa del derramamiento del Espíritu Santo sobre toda la humanidad, sin distinción. Cuando miramos el contexto en el que Pablo está hablando aquí, vemos que se está refiriendo a la salvación o a la unción, y no a los roles humanos. Si aplicamos este pasaje a los roles, entonces nos salimos del verdadero contexto de esta escritura.

Con relación a los roles y las funciones:

Dios estableció un orden en la creación, asignando a cada ser un propósito y una misión específica. Las Escrituras respaldan esta idea, mostrando que cada uno tiene su propio rol. Por ejemplo, así como una vaca no puede actuar como un toro, ni un perro desempeñar la función de un gato, tampoco el hombre puede sustituir a la mujer en su papel procreador. Esta diversidad en las funciones resalta la importancia de cada ser en el plan divino, donde cada uno aporta algo único y necesario.

En el caso de las parejas, y con relación al hogar

Dios creó a cada individuo con una responsabilidad única para fomentar una convivencia pacífica. Aunque todos somos diferentes, Él nos llama a la unidad, donde el amor se manifiesta a través del compañerismo y el respeto mutuo. Cada uno debe cumplir su rol como un deber esencial. Es un error que una madre despoje al padre de su autoridad, ya que esto puede generar tensiones en el hogar. Una mujer que se sienta superior al hombre podría enfrentar dificultades en su relación, ya que generalmente busca la protección y el apoyo de su pareja para sentirse amada y plena. Es importante recordar que cuando la mujer fue creada, el hombre ya tenía un conocimiento pleno de ella, lo que resalta la necesidad de respeto y estima hacia el hombre por su posición en la creación.

- <u>Génesis 2:23</u> ""*...Esta es ahora hueso de mis huesos...*
- <u>1 Corintios 11:11-12</u>... *Sin embargo, en el Señor, ni la mujer es independiente del hombre, ni el hombre independiente de la mujer.*

El rol de la mujer

Desde la antigüedad, la mujer ha sido considerada inferior al hombre, relegada a las tareas del hogar y sin participación en ámbitos social, gubernamental y laboral. Sin embargo, a medida que la sociedad y la ciencia han avanzado, también lo ha hecho el papel y el desarrollo integral de la mujer. En la comunidad de Gálatas, se enseña que hombre y mujer son iguales en la congregación, aunque sus roles sean diferentes. Esta distorsión del rol femenino ha sido alimentada por el enemigo, quien busca herir las emociones de la mujer y dañar su autoestima, lo que, a su vez, afecta a sus hijos. La enemistad entre el diablo y la mujer, mencionada en Génesis 3:15, señala que la simiente de la mujer le cortará la cabeza al enemigo. Así, la mujer posee un poder inmenso, y el enemigo utilizará todas sus artimañas para dañar su simiente.

Un error de interpretación (1 Corintios 11:3).

Un error de interpretación se observa en 1 Corintios 11:3, donde algunos, con mentalidad machista, han manipulado las Escrituras para someter a la mujer a su antojo. Sin embargo, cuando un hombre es transformado por el poder de Dios, reconoce que la mujer es un ser especial, llamado a manifestar la gloria divina. Un hombre ungido ve a la mujer como "hueso de sus huesos y carne de su carne", reflejando el trato tierno y delicado que Dios tiene hacia su iglesia. Desde Eva hasta las menos mencionadas en la Biblia, Dios siempre ha valorado a las mujeres, eligiéndolas para cumplir su misión en la tierra. Tomamos como ejemplo a Débora, quien, al estar completamente entregada a Dios, logró romper los estereotipos de su época. Así, hoy la iglesia enfrenta al enemigo sin temor ni desdén hacia los "grandes" de la tierra. La capacidad de parir, un manto que recae sobre la mujer, simboliza la unción de Dios que revela nobleza, bondad y amor divino. Además, la fuerza que la mujer demuestra al proteger a sus hijos resalta su valentía. Una mujer sabia puede vencer cualquier batalla, porque no teme enfrentar adversidades.

La desvaloración de una mujer

Muchas mujeres han contribuido a ser tratadas sin valor debido a varios factores, como criar a los varones con un trato especial que refuerza la superioridad masculina. Esto, impulsado por el enemigo, ha hecho que las mujeres se sientan desvalorizadas desde la niñez, proyectándose como inferiores en una cultura que lo respalda. Aunque hoy parece que gozan de más libertad, en realidad hay una decadencia del valor femenino, con hogares rotos y familias desintegradas. En su búsqueda de identidad, muchas jóvenes se desvinculan de sus padres y, al hacerlo, se confunden y desilusionan, buscando reconocimiento social a expensas de su papel en el hogar. Esto las deja vulnerables, ya que descuidan la crianza de sus hijos. El verdadero poder de una mujer radica en su sabiduría, pues "la mujer sabia edifica su casa". La iglesia de Cristo debe enseñar que el valor de una mujer no se mide por logros externos, sino por su compromiso con la Palabra de Dios, lo que le otorga las armas necesarias para derribar fortalezas.

La supuesta liberación femenina

La supuesta liberación femenina ha sido mal interpretada, ya que el enemigo busca desviar la formación y confundir al ser humano para que no entienda la verdad. Muchas mujeres han visto su rol como un acto de esclavitud y sometimiento, lo que ha llevado a la destrucción de numerosos hogares, un alto porcentaje de divorcios y el descuido de los hijos, quienes crecen sin amor, atención, comunicación ni el buen consejo de sus padres. Esta confusión ha generado una crisis familiar que afecta no solo a las mujeres, sino a toda la sociedad.

Cuando los roles familiares son descuidados

Un hogar sin calor se asemeja a un terreno desolado, vulnerable a invasiones del enemigo. Los miembros de la familia llegan tarde de sus trabajos y escuelas, compartiendo solo unas pocas horas antes de acostarse, sin lograr una verdadera interacción o intimidad. Esta rutina diaria erosiona el encanto del hogar, y las personas crecen desconectadas emocionalmente, enfrentando problemas de intimidad. Además, cuando los hombres no son ungidos, se convierten en instrumentos del mal que destruyen las emociones familiares, creando un ciclo de sufrimiento que parece no tener fin y al cual nadie se atreve a poner un alto.

Jesús vino a valorar el rol de la mujer

Jesús vino a valorar el rol de la mujer de manera significativa, destacando a muchas que marcaron la diferencia en su ministerio, comenzando por su madre, quien fue bendita entre todas las mujeres al convertirse en la madre del Hijo de Dios. A través de figuras como Marta y María Magdalena, así como la mujer samaritana que, al recibir el agua viva, transformó su vida y la de otros, se evidencia que el verdadero valor de la mujer radica en su conexión con la fuente inagotable de vida eterna (Juan 4:1-42).

Pablo también levanta el valor de la mujer

Dado que la mujer es naturalmente emocional, necesita constantemente llenar su tanque interno de satisfacción y cuidado, esperando esto del exterior, especialmente de su esposo e hijos. El enemigo aprovecha esta vulnerabilidad, secando sus fuentes y atormentándola con la sed de atención. Jesús, entonces, viene a devolverle su valor al colmarla de satisfacción en Él (Mt. 12:49-50).

Pablo también reconoce la importancia de la mujer al destacar su misión de educar a las más jóvenes y servir de ejemplo (Tito 2:3-5). A lo largo de la Biblia, encontramos innumerables mujeres que han contribuido al desarrollo social y cultural de la humanidad; sin su aporte, nuestra civilización carecería de una comprensión más profunda del amor humano.

El enemigo aprovecha su lado débil

La mujer es el motor del hogar, y por eso, el enemigo ataca su lado más vulnerable: las emociones. Una mujer con emociones débiles se convierte en un títere de sus propios impulsos vacíos e insatisfechos, lo que puede afectar no solo su bienestar, sino también el ambiente familiar. Es crucial que las mujeres fortalezcan su interior y busquen la guía divina, para que puedan liderar con sabiduría y amor en sus hogares.

Cuando el Espíritu renueva la mente de la mujer

Las Escrituras vienen a reprogramar la memoria y a renovar el concepto negativo que el enemigo ha sembrado, especialmente en la mente de la mujer. La sensación de inferioridad es un mal profundo en el mundo, resultado de la mala interpretación de los roles y las dinámicas sociales, donde el más fuerte tiende a someter al más débil. El enemigo logra hacerle creer a la mujer que no es suficiente para satisfacer las necesidades del hombre o de sus hijos, convirtiéndola en su propia enemiga al rendir su autoestima a los pies de los demás. Este ciclo de desvalorización es lo que las Escrituras buscan romper, restaurando su verdadero valor y propósito.

Una mujer ungida

Desde el momento en que decidiste ser parte de esa mujer bendita entre todas, y aceptaste la salvación, te convertiste en una ungida, separada para una gran labor. La primera tarea concreta de una mujer elegida es ofrecer su vientre a Dios, permitiendo que su simiente sea sembrada en ella y crezca hasta transformarse en un árbol de vida que sustente al mundo. Cada niño que nace trae consigo habilidades únicas dadas por Dios, desarrollándose hasta alcanzar su madurez y dar frutos propios. Cada árbol es diferente y produce según su especie, lo que nos recuerda que no podemos esperar que todos sean iguales. Cada criatura en el vientre de una mujer es un regalo divino, destinada a cumplir un propósito especial.

El llamado de una mujer valerosa

Cada ser humano tiene un llamado para llevar en su interior la vida del Espíritu Santo, pero solo lo recibirán aquellos que lo deseen. En el caso de una mujer ungida, es vital que encuentre su valor para tratar bien a sus hijos y a los demás. Una mujer emocionalmente rota tiende a ser agria y a manifestar amargura, y jamás podrá validar lo que hay en ella si no se siente valiosa. Dios, a través de la unción, transforma su concepto personal, permitiéndole transmitir vida a su feto y guiarlo hacia la vida eterna. Como mujer ungida, debes aceptar el poder de la nueva vida de Dios y concebir a Jesús en tu interior. No te enfoques en tus limitaciones ni en los obstáculos. Al igual que Débora, recuerda que nada es imposible para quien cree. Has venido al mundo para marcar la diferencia al entregarte al poder de Dios. Aunque enfrentes grandes batallas para defender tu hogar, tu victoria ya ha sido ganada. ¿Por qué, entonces, te sientes oprimida? Los que han recibido la nueva vida del Espíritu Santo manifiestan actitudes de vida y reposo, mientras que quienes aún no creen reflejan el espíritu de muerte que se introdujo con la caída. Ofrece tu vientre (tu corazón) al servicio de Dios para que seas embarazada del Mesías y traigas al mundo la esperanza. Aunque los dolores se multipliquen, después del parto experimentarás gozo, y muchos verán lo que llevas en tus brazos.

Debes ir a la guerra y seguir estos pasos:
1. **No puedes ignorar al enemigo:** Efesios 6:12 nos recuerda que nuestra lucha no es contra carne y sangre, sino contra las fuerzas espirituales del mal. Reconocer la presencia del enemigo es crucial.
2. **No puedes temer:** La victoria ya es tuya. Confía en que Dios ha peleado la batalla por ti y te ha dado la autoridad para vencer.
3. **Debes entender que la guerra no es solo contra ti:** Es una batalla por tus hijos y lo que llevas dentro. El enemigo atacará donde más te duela, buscando herir no solo tu vida, sino también la de tus seres queridos.
4. **Debes cuidar tus pasos:** El enemigo intentará hacerte tropezar, buscando afectar tu seguridad física, emocional y espiritual. Recuerda que si caes, todo lo que llevas contigo también se derrumbará.
5. **Debes prepararte para el dolor:** En toda guerra hay sufrimiento, pérdida y sacrificio. Para alcanzar la nueva vida, hay un precio que pagar: a veces se requiere dejar atrás lo humano para obtener lo eterno (Hebreos 2:3).

¿Cómo vencer al enemigo?
La Biblia nos enseña que el enemigo es vencido "en la cabeza", a través de la llegada de una simiente que trae luz al mundo. Esta luz representa la verdad y el entendimiento, que permiten distinguir entre el bien y el mal. La victoria del alma se encuentra en cómo pensamos, ya que nuestros

pensamientos y sentimientos determinan nuestro estado espiritual. Desde el principio, el Espíritu de Dios ha deseado habitar en nuestra mente, erradicando todo mal del corazón. Dios nos ofrece una enseñanza basada en la verdad, el equilibrio, la estabilidad, el amor y la autoridad, con el fin de nutrir nuestra cognición y ayudarnos a alcanzar la madurez. Recuerda que somos el producto de nuestras creencias; nuestro carácter se forma a partir de lo que aprendemos y aceptamos. Por eso, Isaías 26:3 nos asegura que Dios mantendrá en perfecta paz a aquellos que perseveran en Él. Al confiar en Su verdad y permitir que su luz guíe nuestros pensamientos, encontramos la clave para vencer al enemigo.

La mujer sufrirá los dolores *(Génesis 3:16)*
La mujer fue creada con una sensibilidad emocional especial, diseñada para enfrentar el reto de dar a luz a los hijos del mundo. Este proceso, que implica tanto el embarazo como el dolor del parto, requiere una fortaleza emocional profunda. Al aceptar esta responsabilidad, la mujer recibe el llamado de la unción, un poder divino que le permite impartir vida a otro ser. Este acto de dar a luz también simboliza la salvación, que puede conllevar sufrimientos y sacrificios. Así, al "parir" al hijo de Dios en su corazón, la mujer tiene la misión de revelarlo al mundo (Hechos 14:22).

Hay que esperar el tiempo de la unción
La unción tiene un tiempo específico para manifestarse, similar al proceso de crecimiento de un embarazo, que dura aproximadamente nueve meses. Este tiempo puede variar según cada persona, pero hay pasos fundamentales para que la unción se desarrolle:
1. **Disposición al Espíritu Santo**: Es crucial abrirse a Su voluntad para que Él nos embarace con Su simiente.
2. **Siembra de la Palabra:** La semilla de la fe debe caer en nuestra alma para ser concebida.

3. **Alimentación en la Palabra:** Nutrirnos adecuadamente de las Escrituras es esencial para que los frutos del Espíritu crezcan en abundancia.
4. **Paciencia en la espera:** Los nueve meses de gestación requieren paciencia; la desesperación es un error.
5. **Dar a luz a Jesús:** Parir al hijo de Dios implica sacrificio y dolor, pero es esencial.
6. **Testimonio de la unción:** La unción se manifestará a su tiempo; después de los nueve meses, todo será visible.
7. **Celebración:** Al dar a luz, nos alegramos y celebramos con quienes nos rodean.
8. **Compartir la vida del Espíritu:** La unción se manifiesta al compartir los frutos, sembrando la Palabra para que otros puedan cultivarlos.
9. **Crecimiento constante:** La unción se revela a través del crecimiento; si hay descuido, este se detiene.
10. **Visibilidad de la unción**: Al igual que una mujer embarazada, el crecimiento es evidente. La unción debe salir para bendecir a los demás; nadie puede impedir su nacimiento.

No puede ignorar la guerra del enemigo contra ti

El enemigo, como un río desbordante, busca desestabilizarte y afectar tus relaciones más cercanas. En momentos así, es vital anclar tu fe en la Palabra de Dios, ya que solo así podrás encontrar la fuerza para resistir y levantarte. Recuerda que el verdadero valor no proviene de la aprobación de otros, sino de tu identidad en Cristo. Desviando tu mirada de las expectativas de tu pareja y tus hijos, puedes enfocarte en tu propio crecimiento y bienestar. Al igual que Débora, busca lo productivo y significativo en tu vida, permitiendo que tu fe y fortaleza interna florezcan. Este enfoque te llevará a construir un hogar lleno de amor y estabilidad emocional. La verdadera protección y amor provienen de Dios, y al aferrarte a ello, podrás sobrellevar cualquier adversidad.

Una intimidad con el Espíritu de la Unción

Es tiempo de acercarte en oración a tu Creador y experimentar su toque divino para embarazarte del Espíritu Santo; solo Él puede restaurar tus emociones. Habla con Dios y comparte tus necesidades, permitiéndole que te ayude. Cuando dejes de permitir que las cosas humanas te lastimen, Satanás no podrá seguir usándolas en tu contra. Huir no resolverá tus problemas, ni buscar satisfacción en lo efímero aliviará tu dolor emocional. Es esencial ejercer dominio propio para vencer los impulsos y practicar pensamientos positivos, lo que transformará tus sentimientos y conducta a través de la fe. Este ha sido uno de mis mejores instrumentos de guerra para enfrentar adversidades. Acepta el reto de recibir la unción y no descanses hasta alcanzarla. Mientras tu corazón esté apegado a lo material, no podrás disfrutar plenamente de la unción. Estar ungida significa recibir la nueva vida que Cristo ofrece, y manifestar esa unción es revelar el nuevo nacimiento en el exterior. Todos estamos llamados a recibir la unción del Espíritu Santo, pero solo aquellos que han muerto a la carne lo lograrán. La inmadurez y la ignorancia pueden llevar a muchos a perder de vista el valor de la vida eterna.

El mejor ejemplo de la Unción

La relación matrimonial sirve como un excelente modelo para entender el proceso de recibir la unción del Espíritu Santo. Primero, nos enamoramos de Dios con todo nuestro ser. Luego, hacemos un pacto de lealtad con Él, similar a un matrimonio, entregándonos en cuerpo y alma para concebir el fruto de ese gran amor. Una vez que sentimos la vida del Espíritu Santo en nuestro interior, debemos esperar el tiempo de gestación hasta que llegue el nacimiento. Un verdadero embarazo se manifiesta; aunque algunas mujeres pueden parecer embarazadas por sobrepeso, el verdadero embarazo se caracteriza por la vida que se mueve en el vientre. Del mismo modo, quien está lleno de la unción siente la vida del Espíritu en su interior, confiando en que, a su debido tiempo, el fruto nacerá.

Una mujer impulsiva y sin dirección espiritual

Puede enfrentar serios desafíos en su vida diaria. La falta de claridad en su propósito la lleva a actuar de manera reactiva, guiada por emociones pasajeras y deseos inmediatos, lo que puede resultar en decisiones que afectan negativamente su bienestar y el de quienes la rodean. Sin una conexión profunda con Dios, pierde la oportunidad de recibir sabiduría y discernimiento, lo que la deja vulnerable a la influencia externa y a los impulsos que pueden llevarla por caminos equivocados.

Esta impulsividad puede traducirse en relaciones inestables, conflictos en el hogar y una lucha constante con la insatisfacción personal. Para revertir esta situación, es esencial que busque una dirección espiritual sólida, que le permita anclar sus emociones y encontrar un propósito más elevado. Al cultivar su vida espiritual, podrá desarrollar paciencia, autocontrol y una visión más clara de su papel en el mundo, lo que transformará su vida y la de aquellos que la rodean.

Una mujer con una estima baja

Una mujer con la autoestima baja a menudo lucha con sentimientos de inseguridad y duda sobre su propio valor. Se encuentra atrapada en un ciclo de autocrítica y comparación, sintiendo que no está a la altura de las expectativas, ya sean propias o ajenas. Esta falta de confianza influye en sus decisiones, limitando su capacidad para aprovechar oportunidades y afectando negativamente sus relaciones. Vive de la opinión de los demás, permitiendo que las críticas, el rechazo y el menosprecio del exterior la afecten profundamente. A menudo, se aísla, observando desde lejos lo que hacen otras, sintiéndose acomplejada y desvalorizada, mientras menosprecia las virtudes ajenas. Puede llegar a aceptar el abuso y conformarse con las migajas de los demás, ya que no ve su propio valor, sino solo el que otros le asignan. Es vital que busque apoyo, tanto espiritual como emocional. La oración y la meditación en la Palabra de Dios pueden ayudarla a recordar su identidad y propósito divinos, fortaleciendo su autoestima y permitiéndole reconocer su valía intrínseca. Al rodearse de personas que la alientan y valoran, puede comenzar a reconstruir su confianza y florecer en su vida. La clave está en entender que su valor no depende de lo que otros piensen, sino de su identidad como hija de Dios.

El Espíritu Santo desea habitar y ser nuestro guía

Cuando el Espíritu Santo habita en nosotros, actúa como un fuego que arde y se manifiesta a través de los frutos del Espíritu (Gálatas 5:22). Sin embargo, esto no significa que el enemigo no intentará desanimarnos y hacer que abortemos la visión de vida que llevamos dentro. El diablo puede aprovecharse de nuestras vulnerabilidades para transmitir un estado negativo a nuestros hijos, marcándolos. Por eso, debemos vencer a nuestro propio enemigo: nuestras emociones y deseos. Esto solo se logra mediante la fe en la Palabra de Dios, entregando nuestra naturaleza hambrienta a Su voluntad (Gálatas 2:20). Aquellos que se rinden completamente a la voluntad de Dios recibirán la unción de la "doble porción" de la vida eterna (2 Crónicas 7:14-16 RVR1960).

Nueve
UNA MUJER UNGIDA
Como iglesia debe identificar el nuevo nacimiento en ti y la Unción del Santo, así como Juan lo identificó: "Tenéis la Unción" (1 Juan 2:20). "La recibisteis" (1 Juan 2:27) y ella misma te revela todas las cosas.

Una mujer ungida es aquella que ha aceptado el llamado divino en su vida y se ha entregado completamente al propósito de Dios. Su vida está marcada por la presencia del Espíritu Santo, quien le otorga fuerza, sabiduría y gracia para enfrentar los desafíos cotidianos. A pesar de carecer de recursos naturales, no se enfoca en lo que le falta, sino en los recursos espirituales que posee. Un ejemplo de esto es Débora, quien, aunque no tenía hijos de su vientre, se convirtió en madre para su pueblo, guiándolos e instruyéndolos en la verdad. La mujer ungida es una fuente de agua viva, proporcionando sustento y bienestar a quienes la rodean. Su influencia es un reflejo del amor de Dios, transformando vidas y comunidades con su servicio y dedicación.

Características de una Mujer Ungida:
Una mujer ungida no solo lleva consigo la unción del Espíritu, sino que también la comparte, sembrando esperanza y vida donde quiera que vaya. Su misión es clara: manifestar el amor de Dios en el mundo y ser un canal de bendición para aquellos que la rodean. Estas son las características que la adornan:
1. **Fe Inquebrantable:** Confía en las promesas de Dios y vive su vida basada en la Palabra, encontrando fortaleza en momentos de adversidad.
2. **Compasión y Empatía:** Su corazón está abierto al sufrimiento de los demás, manifestando amor y apoyo a quienes la rodean.

3. **Servicio Desinteresado:** Está dispuesta a servir sin esperar nada a cambio, entendiendo que su llamado implica ayudar a los demás.
4. **Sabiduría y Discernimiento:** Busca la dirección del Espíritu Santo en cada decisión, siendo capaz de discernir entre lo correcto y lo incorrecto.
5. **Valentía:** Enfrenta los desafíos con coraje, no permitiendo que el miedo la paralice. Sabe que su identidad está en Cristo y que tiene la victoria en Él.
6. **Testimonio Vivo:** Su vida es un reflejo del amor y la gracia de Dios, sirviendo de inspiración para otros a través de su ejemplo.
7. **Maternidad Espiritual:** Reconoce su papel como guía y protectora, no solo de sus hijos biológicos, sino también de aquellos a quienes influencia.
8. **Resiliencia:** A pesar de las pruebas y tribulaciones, se levanta con renovada fuerza, confiando en que cada dificultad es una oportunidad de crecimiento.

¿Cuándo sabes que la unción está en ti?

Este conjunto de señales te ayudará a discernir la presencia y el trabajo del Espíritu Santo en tu vida:
1. **Cuando recibes el fruto del Espíritu Santo** (Gálatas 5:22).
2. **Cuando estás disponible para servir:** sin buscar beneficio alguno.
3. **Cuando haces un esfuerzo por levantarte:** Sin importar las caídas o las circunstancias.
4. **Cuando actúas sin temor:** Ignorando limitaciones y opiniones externas.
5. **Cuando no confías en tu propia fuerza:** Sino que dependes plenamente de tu Creador.
6. **Cuando usas tu autoridad:** enfrentando al enemigo con valentía, sin mirar los obstáculos.

7. **Cuando le haces la guerra al diablo y no al prójimo:** reconociendo que la lucha es contra el mal, y permitiendo que Jehová pelee por ti.
8. **Cuando no dudas del cuidado y protección divina:** Derribando la incredulidad que obstaculiza tu fe.
9. **Cuando sientes la maternidad:** Dispuesta a ser el vehículo para que el Mesías vuelva a nacer.
10. **Cuando tienes revelación del amor:** Manifestando compasión, empatía y bondad.
11. **Cuando reconoces tus armas:** comprendiendo que el conocimiento de la verdad te dará la victoria (2 Timoteo 3:16).
12. **Cuando tiene una estima propia sana:** No vive de la opinión de los demás, y te enfoca en tu misión porque sabe quién eres delante de Dios y los demás.
13. **Cuando a pesar de la confusión sigues el modelo:** Inspirándote en ejemplos bíblicos, especialmente en el de Débora.
14. **Cuando no haces mucho esfuerzo humano:** Porque tu confianza está en lo que Jehová ya declaró, tu victoria (Colosenses 2:15).
15. **Cuando aceptas el sufrimiento:** Entendiendo que algo valioso requiere un precio.
16. **Cuando te sometes a Su voluntad:** Reconociendo que solo Dios tiene la sabiduría necesaria para guiarte y transmitir la unción a través de los frutos.

La humanidad dirigida sin Dios

La humanidad, al igual que Eva, se ha dejado llevar por su propia voluntad al buscar conocimiento fuera de Dios, alejándose del orden divino. Sin embargo, en su infinita misericordia, Dios mostró compasión y amor, persiguiendo a la humanidad con la fidelidad de un esposo dispuesto a sacrificarlo todo, incluso su propia vida, para rescatarla. En la figura de Débora, se manifiesta este anhelo de Dios por una humanidad perdida, al mismo tiempo que respeta su libre albedrío, permitiéndole actuar por sí misma. A través de Débora, observamos la sumisión de un remanente que elige obedecer y alinearse con la voluntad divina. Esta humanidad, llena del Espíritu, se compromete a ser productiva, mientras espera el momento de dar a luz el fruto de vida, animando a otros a cultivar una relación íntima con el Poder de Dios.

El rol de una mujer ungida en el plan divino:
- **Cambia el lenguaje con tu marido y motívalo en la fe:** No importa que tu marido sea flojo en la fe y muestre poco interés en las cosas espirituales; recuerda que eres la ungida. No le faltes al respeto ni intentes sobrepasarlo con un mal carácter, incluso si te sientes frustrada. Vencerás tu batalla emocional al controlar tus impulsos con dominio propio. La unción del Espíritu te usará para atraerlo hacia Dios con cuerdas de amor. Aunque Eva ignoró la autoridad de Adán, tú debes actuar como Débora, quien estimuló a Barac a retomar su función de liderazgo. Deja de lado las críticas, quejas y menosprecios hacia tu marido; solo una mujer fuera de la unción se comporta así. Permítele ejercer su rol de padre, incluso si no lo hace de la manera que tú desearías. Recuerda que un hombre sin la cobertura divina puede ser inseguro y renegar de sus responsabilidades. Como mujer, es importante que te pongas a un lado para que él retome su posición en el orden divino.
- **Solamente conviértete en ayuda idónea o virtuosa:** Aquí se cumple lo que dice la Biblia: "Y él se enseñoreará de ti." Esto significa que el hombre será la cabeza. Permítele pensar por sí mismo y ejecutar su rol como hombre, incluso si eres más sabía que él. Déjalo desarrollarse como padre y esposo, y que tome sus propias decisiones, aunque sean diferentes a las tuyas. Se dice que

el cerebro de la mujer procesa la información más rápido porque tiene dos orificios abiertos, mientras que el cerebro del hombre abre uno a la vez, lo que puede hacer que le lleve más tiempo. Esto ha llevado a la creencia de que las mujeres tienen un "sexto sentido" y son más inteligentes, pero ambos tienen su función específica, y menospreciar al otro es un error. Pregúntale a Eva, que por curiosidad salió a mirar lo que la rodeaba. Sin embargo, Dios quiere que la mujer ejerza dominio propio y consulte con su marido para que él pueda pensar y tomar decisiones. Al final, cada uno será llamado a rendir cuentas por su propia labor ante Dios.

- **Tu misión es estimular a los demás:** Aunque observes la condición negativa de otra persona, evita criticar. En su lugar, destaca lo positivo y anímale a seguir adelante. Mientras alguien esté vivo, siempre hay esperanza de avivarse y cambiar. Ten paciencia con tu marido; recuerda que no puede realizar dos funciones a la vez debido a su diseño cerebral. Exagerando un poco, cuando él está conectado con Dios, le resulta difícil comunicarse con su esposa, y cuando está enfocado en ella, puede perder la conexión con lo espiritual. También, cuando un hombre pasa tiempo con personas fuera del hogar, puede dificultarse su trato con su esposa e hijos. Aunque siempre hay excepciones, es cierto que un pequeño porcentaje de hombres logra equilibrar ambas conexiones, mientras que también existe un porcentaje de mujeres que pueden estar mental y emocionalmente cerradas.
- **No malgaste tu tiempo:** Así como Débora pasaba sus días bajo la palmera, convirtiéndose en un centro de sabiduría y guía, busca una acción que resalte tus fortalezas y te permita ayudar a los demás. En lugar de observar y menospreciar el camino de otros, enfócate en tu propio llamado. La comparación solo alimenta la envidia y el celo, desviándote de tu verdadera identidad y misión en Dios.

Aprovecha cada momento para crecer y servir, encontrando satisfacción en lo que Él te ha destinado a hacer. Una mujer ungida ora y vive en comunión con el Altísimo, buscando dirección y sometiéndose a Su voluntad para realizar Su obra en la tierra. No se centra en sus propias necesidades, sino en cómo puede servir a los demás.

- **Una mujer ungida es como un juez:** Que aplica la justicia con sabiduría y equidad. Reconoce que lo que el hombre siembra, eso mismo cosechará, y se esfuerza por identificar la verdad y el bien para todos, sin distinción. Su corazón está alineado con la justicia divina, y trata a cada persona con el mismo respeto y consideración, asegurándose de que todos gocen de la misma equidad. Su compromiso con la verdad y la imparcialidad refleja la luz del Espíritu Santo en su vida.

No creas las voces negativas del enemigo

El enemigo intentará hacerte creer que no tienes valor, llevándote a buscar tu valía fuera de ti y a menospreciarte ante los demás. Es crucial que declares, como lo hizo Débora: "Hasta que yo me levante". Al hacerlo, podrás enfrentar cada etapa de tu desarrollo e identificar los momentos en que te han derribado. La desconfianza y la culpa son herramientas que el enemigo usa para sembrar duda y resentimiento, lo que puede llevarte a sentirte inferior y a conformarte con migajas en lugar de reconocer el inmenso amor de Dios por ti. Si permites que la vanidad y la ambición se infiltren en tu vida, te alejarás de la Unción de vida. Es esencial que encuentres claridad y fortaleza en tu fe para no perderte en la confusión que el enemigo intenta sembrar.

Afina tus oídos para escuchar las instrucciones del Dios
La comunicación con Dios es esencial para tu crecimiento y para recibir la dirección que necesitas. Debes desarrollar tus sentidos espirituales y aprender a confiar menos en los sentidos terrenales. En momentos de quietud y oración, abre tu corazón para que Su voz te guíe e ilumine tu camino. Cada palabra que Él susurra es una oportunidad para avanzar, sanar y descubrir el propósito que ha diseñado para ti. No permitas que el ruido del mundo te distraiga; busca Su presencia y, con fe, sigue las indicaciones que te ofrezca. Tu disposición a escuchar será la clave para manifestar la unción en tu vida. Recuerda que el Espíritu de Dios solo interactúa con quienes le buscan en espíritu y verdad. Una mujer que se aferra a lo carnal y se preocupa por las cosas vanas de esta vida no encontrará dirección divina. Al contrario, será guiada por sus impulsos y necesidades terrenales. Busca el reino de Dios y su justicia, y todo lo demás vendrá por añadidura, porque Dios cuida de Sus hijos.

Una Mujer Ungida por Grisel, J. Pitre

Conclusión

Cuando la Unción (la vida) se manifiesta en un individuo, le otorga una identidad única. Al igual que cada fruto tiene su propio nombre, sabor y temporada, cada persona tiene un valor singular ante su Creador. No hay razón para compararse con los demás ni medir el nivel de unción, ya que eso menoscaba el valor que cada uno tiene. Así como en la temporada de mango la pera debe esperar su turno, cada uno de nosotros tiene su propio tiempo bajo el sol.

La unción nos revela nuestra misión en esta tierra: ser luces que guíen a otros y los saquen de la oscuridad de la ignorancia (Isaías 61). Hay que reconocer que la unción tiene un proceso y un tiempo es crucial; cada fruto tiene su estación, y para nacer, vivir y morir también hay un tiempo determinado. La unción nos brinda la paciencia necesaria para esperar nuestro momento de dar frutos. Es natural observar a otros prosperar repentinamente, pero eso no significa que tu tiempo no llegará.

Revístete de la unción y, como un árbol en invierno, espera tu primavera. Celebrarás un verano de abundantes frutos. Es esencial que tu Mesías nazca y que tu naturaleza terrenal muera para que recibas la nueva Unción de vida. La unción te prepara para dar frutos en cualquier área o lugar donde hayas sido sembrada (Jeremías 31). Sin embargo, si no estás lista o madura para la cosecha, ningún esfuerzo prosperará. La unción no necesita ser forzada; simplemente debe ser concebida y dejar que el tiempo de gestación se cumpla, para luego manifestarse sin temor. Cuando la nueva vida se revela, nada ni nadie podrá detenerla.

Deposítate en las manos de Dios y busca una intimidad con Él para que te embriague de la Unción. Enamórate del Santo Espíritu y búscalo en lo secreto de tu corazón. Si lo haces, pronto sentirás su fruto moviéndose en tu interior y, a su debido tiempo, se manifestará el fruto de su amor. Sana tus emociones y recuerda que no necesitas impresionar a nadie; el cambio que experimentes será evidente para todos. Recuerda que la relación con la nueva vida es un proceso continuo; no puedes quedarte estancada en lo que crees haber alcanzado. Al igual que Eliseo, que nunca se detuvo en su camino espiritual, tú tampoco debes hacerlo. Después de dar a luz y ver el fruto, es esencial protegerlo, ya que está todavía verde y vulnerable. Un fruto inmaduro no será atractivo para nadie, y tu árbol puede parecer abundante con sus hojas, pero si no tiene frutos, como la higuera maldecida por Jesús, terminará siendo solo un estorbo.

Para dar buenos frutos, primero debes conocer cuáles son. En Gálatas 5:22, se describen los frutos del Espíritu Santo que todo creyente debe cultivar. Estos frutos son el testimonio de la nueva vida que posees, la "Doble Porción de vida". No busques la unción en otros lugares o personas; ella solo se encuentra en el lugar secreto de tu corazón. Debes esperar a que los frutos maduren antes de ofrecerlos a otros.

Una vez que hayas experimentado la nueva vida, el mismo Espíritu Santo te llevará a aquellos que tienen hambre espiritual. Jesús nació en Belén, la casa de Dios, pero fue enviado a Egipto, al mundo. No es la voluntad de Dios que te límites a un solo lugar, disfrutando únicamente de tu experiencia personal con Él. El Espíritu Santo te unge con una misión específica de vida y salvación, llevándote a donde hay necesidad y a los que están moribundos de espíritu.

Créditos

Corrección de estilo y gramática ……………………Grisel Pitre
Diagramación……………………………………..……Grisel Pitre
Diseño gráfico, ……………………………...……Ashley Pitre
Fecha: ……………………………….Terminación en mayo 2019
Impreso…………………………………….....En US, mayo 2019
Segunda Corrección:…………………..Agosto 14, 2019 y 6/8/20
 Última revisión:……………….....................Septiembre 24,2024
Publisher:…………………………………………..Por Kindle Direct

Una Mujer Ungida por Grisel, J. Pitre

Referencia
Versión Biblia RVR 1960
Development through life: Newman and Newman textbook...2008

www.ingramcontent.com/pod-product-compliance
Lightning Source LLC
Chambersburg PA
CBHW031204090426
42736CB00009B/778